체 코

CZECH REPUBLIC

체코

CZECH REPUBLIC

케반 보글러 지음 | **심태은** 옮김

세계의 **풍습과 문화**가
궁금한 이들을 위한
필수 안내서

시그마북스
Sigma Books

세계 문화 여행 _ 체코

발행일 2023년 4월 20일 초판 1쇄 발행
지은이 케반 보글러
옮긴이 심태은
발행인 강학경
발행처 시그마북스
마케팅 정제용
에디터 김은실, 최연정, 최윤정
디자인 김은경, 김문배, 강경희

등록번호 제10-965호
주소 서울특별시 영등포구 양평로 22길 21 선유도코오롱디지털타워 A402호
전자우편 sigmabooks@spress.co.kr
홈페이지 http://www.sigmabooks.co.kr
전화 (02) 2062-5288~9
팩시밀리 (02) 323-4197
ISBN 979-11-6862-127-5 (04900)
　　　978-89-8445-911-3 (세트)

체코 전도

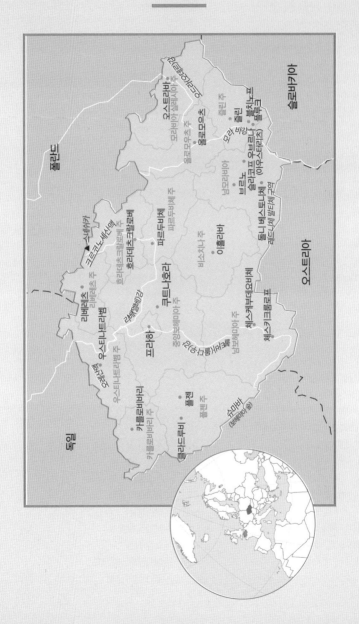

폴란드

슬로바키아

오스트리아

독일

오스트리아 슐레지아 주

오스트리아 실레시아 주

모라바우츠 주

올로모우츠

올로모우츠 주

즐린 주

즐린

모라바 강

우헤르스케흐라지슈테

우스티나트오르리치

크르코노셰산맥

스녜슈카 ▲

흐라데츠크랄로베 주

흐라데츠크랄로베

나모르제

남모라비아

브르노

슬라프코프우브르나
(아우스터리츠)

즈노이모

파르두비체 주

파르두비체

비소치나 주

이흘라바

돌니 베스토니체
(데드니체 발티체 구역)

라베엘베 강

라베 강

리베레츠 주

리베레츠

쿠트나호라

중앙보헤미아 주

체스케부데요비체

체스키크룸로프

프라하

블타바 강

남보헤미아 주

우스티나트라벰

우스티나트라벰 주

카를로비바리

플젠

플젠 주

카를로비바리 주

클라드루비

수마바
(보헤미아 숲)

차　례

이 책은 체코인의 정신과 세계관을 이해하기 위한 안내서이다. 공산주의가 붕괴한 지 30년이 된 2019년 말 즈음이 되자 수도 프라하와 체코의 유명 관광지에는 관광객의 발길이 끊이지 않게 되었다. 그렇지만 이들이 얼마나 체코 문화를 깊게 이해했는지는 미지수이다.

구체제가 역사 속으로 사라진 지 오래되었지만, 안타깝게도 체코와 체코 문화에 관한 선입견은 여전하다. 많은 사람이 체코 맥주가 싸고 여성들이 아름답다는 정도의 구시대적 고정관념을 가지고 이 나라를 찾는다. 이는 교육 수준이 높고, 체코 주변국의 상황도 잘 이해하는 대부분의 체코인을 실망하게 만든다. 그래서 모든 관광객이 다 같다고 생각하게 된다.

체코인은 계층을 막론하고 모두 교육과 문화를 중요하게 여긴다. 그러니 겉모습만 보고 사람의 지위를 판단하지 말아야 한다. 체코인은 보통 처음에 만나면 말을 많이 하는 편이 아니다. 그렇지만 그 이면에는 진정성과 배려심이 넘친다. 관광객 대부분이 주의 깊게 살펴보지 않으면 알아차리기 어려운 부분이다. 그러나 무관심한 듯 보이는 청소년이 노인에게 전차 자리를 양보한다거나, 노인이 유모차를 탄 아기를 어르는 모습을 보면 이를 확실히 느낄 수 있다. 체코인 친구를 사귀게 되면 이들이 친구와 가까운 가족에게 엄청난 충실성을 보이는 것을 알 수 있다. 체코인은 한 번 친구가 되면(하루아침에 친구가 되는 것도 아니다) 그 우정을 영원히 간직한다.

또한 체코인은 어려움도 웃음으로 승화하는 독특하고 다층적인 유머 감각이 있다. 국가 생존 전략의 눈물 속에서도 웃음을 만들어내는 것이 체코인이다.

이 책에서는 이렇게 놀라운 체코인의 관습, 가치, 태도와 함께 이를 형성한 과거와 현재의 사건을 소개한다. 또한 체코에서의 일상과 직장 생활을 설명하면서 잘 모르는 상황에서 무엇을 기대하고 어떻게 행동해야 할지에 관한 실용적인 조언을 제공한다. 지금 체코의 젊은 세대는 구체제에서 완전히 벗어난 세상에서 나고 자랐으며, 점점 많은 외국인이 체코에 뿌리를 내리고 있다. 이 두 요소만으로도 체코 문화에 상당한 변화가 일었고, 이 책에서는 그 변화를 살펴본다.

체코 여행은 늘 만족감을 안겨준다. 풍부한 자연과 절경은

미를 추구하는 모든 사람을 만족시키고도 남을 정도다. 그렇지만 체코의 문화에 발을 푹 담그고 낯을 가리는 겉모습 이면에 있는 복합적인 체코인의 정신을 이해하려는 여행자만이 체코 여행에서 진정한 선물을 발견할 수 있을 것이다.

기본 정보

공식 명칭	체코 공화국(Czech Republic)	1993년 1월 1일 체코슬로바키아가 체코 공화국과 슬로바키아로 분리되면서 건국
수도	프라하	인구: 130만 명(수도), 270만 명(수도권)
주요 도시	브르노(모라비아 주도). 인구: 약 40만 명	오스트라바, 플젠, 올로모우츠
면적	7만 8,867km²(남한의 약 0.8배)	
인접 국가	오스트리아, 독일, 폴란드, 슬로바키아	독일 국경 최장 거리: 810km
기후	대륙성/온난기후, 뚜렷한 4계절	여름 기온은 30~40℃에 이르기도 함. 봄과 가을은 보통 온난한 기후. 겨울은 지역에 따라 매우 추운 곳도 있음
통화	체코 크라운(코루나라고도 함)	유통 중인 통화 중 가장 작은 단위는 1크라운 동전
인구	1,070만 명	세계에서 출산율이 가장 낮음
민족 구성	체코인 63.7%, 모라비아인 4.9%, 실레지아인 0.1%, 기타 미신고 민족	소수민족 중 우크라이나인, 슬로바키아인, 베트남인, 러시아인, 폴란드인, 독일인, 불가리아인, 루마니아인, 로마(집시)가 상당수 차지
언어	체코어	서슬라브어파의 서방군
종교	무교 72%, 기독교 21%(대부분 천주교), 기독교 이외 7%	세계에서 가장 종교적이지 않은 국가로 여겨짐

정부	의회민주주의	대통령은 국민들의 선거로 뽑고 총리는 대통령이 임명함
언론매체	주요 신문사 : 믈라다 프론타 드네스, 리도베 노비니, 호스포다르스케 노비니, 프라보	2021년 세계 언론자유지수에서 40위 기록
영문 매체	라디오 프라하. 프라하 포스트, 프라하 데일리 모니터, 브르노 데일리	규모가 큰 지구 대부분에서 외국어 인쇄매체 이용 가능. 거의 모든 호텔에서 BBC나 CNN의 영문 뉴스 방송과 와이파이 제공
전압	230V, 50Hz	미국 가전제품의 경우 어댑터나 변압기 필요
DVD/비디오/ TV	전면 디지털 TV	비디오는 거의 사라졌으며 DVD도 점점 보기 드물어지고 있음. 요즘은 스트리밍 서비스가 대세임
인터넷 도메인	.cz	
전화	국가번호 420. 지역번호 사용하지 않음	미국이나 캐나다로 전화하려면 001을 누른 후 지역번호와 전화번호를 입력
시간	중부 유럽 표준시 사용(한국보다 8시간 느림), 3월~10월에는 중부 유럽 서머타임 실시(한국보다 7시간 느림)	협정세계시(한국보다 9시간 느림)보다 1시간 빠르며 동부 표준시(한국보다 14시간 느림)보다 6시간 빠름. 중부 유럽 서머타임은 협정세계시보다 2시간 빠름

01

영토와 국민

중부 유럽 중심부에 자리한 체코는 면적이 7만 8,867㎢(남한의 약 0.8배)이고 인구수는 1,070만 명이 넘는다. 또한 높은 수준의 교육과 의료를 자랑하는 선진국이자 세계에서 가장 살기 안전한 국가 10위 안에 손꼽힌다. 1993년에 체코슬로바키아가 체코와 슬로바키아로 평화롭게 분리되면서 지금의 체코가 탄생했다.

중부 유럽 중심부에 자리한 체코는 면적이 7만 8,867km²(남한의 약 0.8배)이고 인구수는 1,070만 명이 넘는다. 또한 높은 수준의 교육과 의료를 자랑하는 선진국이자 세계에서 가장 살기 안전한 국가 10위 안에 손꼽힌다. 1993년에 체코슬로바키아가 체코와 슬로바키아로 평화롭게 분리되면서 지금의 체코가 탄생했다.

내륙 국가인 체코에는 구석기 시대부터 인간이 살았고, 면적에 비해 매우 다양한 지형적 특색을 자랑한다. 덕분에 유네스코 세계문화유산에 등재된 곳도 16곳에 달한다.

체코 방문객은 대부분 수도 프라하를 통해 체코에 입국한다. 2020년 기준 프라하 수도권 지역 인구는 270만 명이었다. 인구 10만 명이 넘는 주요 도시에는 브르노, 올로모우츠, 오스트라바, 플젠 등이 있다.

체코에는 여러 시대에 걸친 수많은 건축가와 예술가의 기술이 반영된 다양한 스타일과 예술 운동을 보여주는 건축 유산이 매우 풍부하게 남아 있다. 체코에서는 바로크, 고딕, 르네상스 양식과 고전주의, 분리주의, 모더니즘과 한데 어우러진 건물들이 잊을 수 없는 풍경을 자아낸다. 또한 사회주의 리얼리즘, 현대 브루탈리즘도 엿볼 수 있다. 하루는 프라하 역사 지구에서 하늘로 높이 솟은 중세 시대 첨탑을 감상하고, 다음 날에는 브루노 현대 미술 지구에서 다양한 전시회를 즐길 수 있다. 그런가 하면 오스트라바에 있는 삭막한 분위기를 풍기는 어마어마하게 넓은 옛 비트코비체 제철소에서 산업화 시기의 프라하를 만날 수 있다.

공식 언어는 체코어로, 서슬라브어파의 서방군에서도 체코-슬로바키아어군에 속한다. 여기에는 체코와 슬로바키아어, 그리고 체코의 모라비아 방언도 포함된다. 이들 언어는 서로 유사성이 높아 하나의 어군으로 분류된다.

넓게 보면 체코는 세 지역으로 나뉜다. 가장 면적이 큰 서부의 보헤미아(체코어로 체히), 동부의 대부분을 차지하는 모라비아(체코어로 모라바), 그리고 이보다 면적이 작은 북동부 지역인 모라비아 실레시아(체코어로 모라브스카 슬레스코)로 구성된다. 이런 지명은 오래전부터 사용된 것이지만, 현대의 많은 체코인은 여전히 자신의 뿌리와 동포의 출신을 규정하는 데 이를 활용한다.

장관을 이루는 보헤미아 파라다이스(체코어로 체스키 라이)의 사암층은 보호 구역으로 지정되어 있다.

지형과 기후

체코에서는 다양한 지형을 만날 수 있다. 폴란드와 슬로바키아 국경 지대는 낮은 산과 구릉 지대가 펼쳐져 있다. 체코 중남부 비소치나의 고원 지대는 남보헤미아의 비옥한 곡창 지대와 남모라비아의 와인 생산지와는 매우 대조적이다. 체코를 흐르는 주요 강에는 라베(일어로 엘베)강, 블타바(독일어로 몰다우)강, 모라바강, 오드라(독일어로 오데르)강이 있다. 체코슬로바키아가 분리되면서 산악 지대 대부분이 슬로바키아가 되었지만, 체코에도 해발 고도 1,600m를 자랑하는 스네쉬카를 포함하여 높은 산이 크르코노세(거인이라는 뜻) 산맥에 포진해 있다. 또한 범람원, 초원, 카르스트 지형, 스텝 지대, 습지, 삼림 지대 등이 다양하게 있다. 대부분 지역이 보호 구역으로 지정되어 있어 상태도 좋은 편이다.

체코는 사계절이 뚜렷하며 기후가 온화하다. 봄인 3월과 4월은 대체로 따뜻하며 기온을 예측하기 어려울 때가 더러 있다. 낮 최고 기온이 8~14℃일 때가 보통이지만, 0℃ 이하로 기온이 뚝 떨어지는 일도 있다. 5월에는 이보다 훨씬 따뜻하고, 많은 식물의 꽃이 활짝 핀다. 낮 최고 기온은 보통 15~25℃이다.

여름의 평균 기온은 20~27℃ 정도다. 그렇지만 7~8월에는 35~40℃의 무더위가 찾아온다.

가을 날씨는 변덕이 심한 편이다. 따뜻하고 기분 좋은 날씨다가 서늘하고 습할 때가 있다. 9월 중순부터 10월 초까지는 '바비 레토'(늙은 아낙네의 여름)라는 현상이 발생한다. 이는 북아메리카의 '인디언 서머'에 해당하는 것으로, 가을에 비정상적으로 따뜻한 기온과 맑은 날이 지속되는 것을 말한다.

10월 중에 기온은 10~14℃로 눈에 띄게 떨어지고, 맑다가도 갑자기 비가 쏟아지기도 한다.

겨울의 도심 지역은 대체로 우중충하며 습하다. 일부 지역에서는 11월 중순에 첫눈이 내리기도 한다. 11월부터 1월, 2월의 기온은 평균 0도 언저리를 맴돌아 서늘하고 때로는 영하로도 내려간다.

체코에서 극단적인 기상 현상이 일어나는 경우는 드물지만, 많은 강수량과 저지대라는 조건이 합쳐지면 광범위하고 매우 위험한 홍수가 발생할 수 있다. 체코에서 사상 최악의 홍수가

굽이치는 라베강을 따라 동이 트는 모습

일어났던 것은 2002년이다.

대략 2015년부터 체코의 기후는 평소보다 매우 건조해졌다. 이런 현상은 폴란드와 슬로바키아에서도 발생하고 있다. 이는 세 국가의 농업, 수자원, 전체 지역 사회를 위협하는 요소로서 많은 사람의 우려를 자아내고 있다.

민족

체코는 단일민족국가로 볼 수 있다. 인접한 전통적인 '서구' 국가와 비교하면 이 점이 두드러진다. 이웃한 오스트리아와 독일은 오랜 기간 많은 국가의 이민자와 난민을 받아들였고, 이들의 통합을 위한 프로그램을 잘 정비해 놓고 있다.

현재 체코의 민족을 대표하는 것은 유럽인으로, 그중에서도 토착 슬라브족이 다수를 차지한다. 최신 인구조사 결과 압도적으로 인구수 상위 3위 안에 드는 민족은 체코인, 모라비아인, 슬로바키아인이었다. 체코인은 대체로 슬로바키아인에게 매우 호의적이며, 이 두 민족은 가족이라고 할 정도로 가깝다. 둘 다 서슬라브에 속하며 언어도 앞서 살펴본 것처럼 서로의 언어를 사용해도 이해할 수 있을 정도로 유사성이 높다. 역사적으로 나타나는 차이점이 있다면, 두 국가 모두 오스트리아-헝가리 제국 밑에 있었지만, 슬로바키아는 헝가리 문화의 영향을, 체코는 독일 문화의 영향을 더 많이 받았다는 점이다. 이는 체코인이 감정 조절을 더 잘하고 질서정연하며 슬로바키아인은 좀 더 느긋하고 감정 표현을 자유로이 한다는 고정 관념으로 이어졌다. 체코인은 이방인을 만나면 처음에는 낯을 가리는 것으로 유명한데, 슬로바키아인은 자신들에게 찾아온 이방인을 얼른 환영하는 편으로 알려져 있다. 종교, 특히 천주교는 체코보다는 슬로바키아에 더 많이 퍼져 있다.

2011년 인구조사에 나타난 기타 민족에는 우크라이나인, 폴란드인, 베트남인, 독일인, 러시아인, 실레지아인, 로마(집시) 등이 있다. 이런 공식 인구조사에서 집계된 민족 외에도 벨라루스인, 불가리아인, 크로아티아인, 헝가리인, 루테니아인, 그리스인, 세르비아인 등이 있는 것으로 알려져 있다.

체코 정부는 전국 소수민족 정부 위원회를 통해 특정 소수민족을 공식으로 인정하고 특권을 확대 적용했다. 2020년 기준으로 이렇게 인정된 소수민족은 14개[벨라루스인, 불가리아인, 크로아티아인, 헝가리인, 독일인, 폴란드인, 로마(집시), 루테니아인, 러시아인, 그리스인, 슬로바키아인, 세르비아인, 우크라이나인, 베트남인)이다. 각 민족은 의회에 참석할 대표를 1~2명 임명하여 체코의 소수민족 정책 수립 시 정부에 조언하는 역할을 맡도록 한다.

역사

이 지역에서는 석기시대 이래 인간의 활동과 정착이 계속되었으며, 남동부에 있는 돌니 베스토니체 근처에는 중요한 고고학 발굴지가 있다. 이곳의 구석기 시대 정착지에 관한 연구는 이 시기 유럽 대륙에서의 생활에 관한 중요한 정보를 제공했다.

발굴을 통해 가장 오래된 도자기와 직물 기술의 증거가 발견되었다. 1925년에 돌니 베스토니체의 비너스라는 이름의 조각상을 비롯하여 도자기를 굽는 가마와 불로 구워낸 동물 모양의 작은 도자기 조각상이 출토되었다. 방사성탄소연대측정법에 따르면 이 출토물의 추정 연대는 기원전 2만 7,000년에서 2만 년 사이로, 세계에서 가장 오래된 도자기 장식품인 것으로 나타났다.

발굴지에 있던 도자기 타일에 찍힌 직물 무늬는 당시에 방

직하는 사람이 다양한 직조 기법을 실
험하고 발전시켰을 뿐만 아니라, 사냥
꾼이 사냥과 작살 운반에 그물을 사
용하기도 했음을 보여준다.

또한 발굴지 내 묘지에 묻힌 세 청
년의 시체를 보면 당시의 매장 관습을
알 수 있다.

그리고 돌니 베스토니체에서 출토
된 유물 중에 지중해 조개껍데기가 있

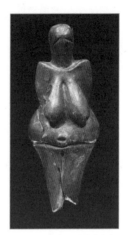

돌니 베스토니체의 비너스

는데, 이는 이 지역에 살던 사람들이 누구와 교역했는지를 알
려준다.

석기시대 발굴지뿐만 아니라 청동기, 철기시대의 발굴지도
많이 있다.

【 최초의 부족과 로마 】

현재 체코에 해당하는 지역에 정착한 것으로 기록된 가장 오
래된 부족은 보이[Boii][여기에서 보헤미아(라틴어로 Boiohaemum)의 이름이
유래]라는 이름의 켈트족이다. 보이족은 기원전 4세기부터 이
지역에 살았으며, 다뉴브강 북쪽에 마르코만니 왕국을 세운

게르만족이 나중에 합류했다.

강력한 두 이민족을 맞닥트린 로마인은 마르코만니 전쟁(166~180년) 시 공격을 지원할 목적으로 현재의 남모라비아 지역에 요새와 군사 주둔지를 건설했다. 전쟁은 로마의 승리로 끝났지만, 로마의 북쪽 경계선이 다뉴브강으로 남은 제한적인 승리였다. 로마는 마지막까지도 지금의 체코에 해당하는 지역을 로마 제국의 영토로 삼을 수 없었다.

로마의 영향력이 미쳤던 시기는 대략 기원전 50~30년에서 375년 사이로 추정된다. 로마가 영구적인 정착지를 건설하지는 않았기 때문에, 문화적인 영향은 거의 없었을 것으로 보는 경우가 많다. 그렇지만 로마가 아니었다면 오랜 역사를 자랑하는 체코의 와인 양조법은 절대 발달하지 못했을 것이다. 1926년 파소흘라브키 마을 근처의 로마 요새를 연구하던 중에 포도나무의 가지치기용 칼이 출토되면서 이것이 입증되었다.

【 대모라비아 왕국 】

6세기경 슬라브족이 현재의 모라비아와 슬로바키아 영토로 들어왔다. 9세기에 이 지역 동쪽에 대모라비아 왕국이 세워졌고, 당시의 다양한 종교적 관습에 기독교가 전파되어 결국 가장 지배적인 종교로 자리매김했다. 모라비아 왕국이 처음으로 역사 기록에 나타난 것은 811년이다. 초대 왕은 모이미르 1세(재위 기간 820/830~846년)이다. 동프랑크 왕국의 루도비쿠스 독일왕(및 손자인 샤를마뉴)의 개입으로 모이미르 1세는 왕위에서 쫓겨났으며 라스티슬라프로 왕이 교체되었다.

라스티슬라프 1세 시대는 문화적으로 중요하다. 비잔틴 선교사 치릴로와 메토디오가 고대교회슬라브어라는 슬라브어 알파벳을 최초로 만들었고, 성경과 기타 기독교 문헌을 이 언어로 번역했다. 라스티슬라프는 모라비아의 사제가 고대슬라브어로 예배를 보도록 하여 프랑크족 선교사의 영향력을 줄이고자 했다. 치릴로와 메토디오는 863년에 모라비아에 와서 866년 말에 자신들의 임무를 완수했다.

라스티슬라프의 재위 기간은 846년부터 870년

성 치릴로와 성 메토디오. 슬로바키아 브라티슬라바의 성 마르틴 대성당 내 현대 태피스트리이다.

까지이다. 처음에는 동프랑크왕국의 속국이었으나 850년대 초에 프랑크왕국에 등을 돌렸다. 모라비아는 불가리아 세력의 도움으로 여러 차례의 프랑크왕국 침공에 맞서 영토를 방어할 수 있었다. 이 시기의 또 다른 주요 인물은 바로 모라비아를 굴복시키는 일을 맡았던 루도비쿠스의 첫째 아들 카를로만이다. 856년 모라비아 침략에 실패한 후, 카를로만은 라스티슬라프와 동맹을 맺어 루도비쿠스를 배신했다. 이 동맹으로 그는 혼자 힘으로 아버지의 영토를 손아귀에 넣었다.

스바토플룩의 배신 후 라스티슬라프가 프랑크왕국으로 넘겨지면서 그의 치세도 갑자기 막을 내렸다. 이는 라스티슬라프의 뒤에서 스바토플룩이 카를로만과 한 비밀 협상의 결과였으며, 이로 인해 프랑크왕국이 모라비아의 목줄을 더 강하게 쥐게 되었다.

870년대 초에 스바토플룩 1세와 동프랑크왕국의 사이가 틀어졌고, 모라비아 통치권을 둘러싼 싸움이 다시 시작되었다. 양국의 전쟁은 874년에 프랑크왕국이 철수하고 평화 협정에 서명하면서 끝났다.

스바토플룩의 재위 기간(870~894년)에 대모라비아 왕국은 영토 면적과 정치적 영향력을 최대로 달성했다. 당시 오늘날의 체코, 헝가리, 폴란드, 슬로바키아가 모두 대모라비아 왕국에 포함되었다. 스바토플룩은 로마의 바티칸시국과 우호적인 관계를 맺었으며 880년에 모라비아와 모라비아 국민은 교황의 보호를 받게 되었다. 교황 스테파노 5세가 모라비아에서 고대교회슬라브어의 사용을 금지하고 라틴어를 우대하자, 스바토플룩은 886년에 비잔틴 선교사를 추방했다.

대모라비아 왕국의 마지막 왕은 스바토플룩 1세의 아들인 모이미르 2세이다. 모이미르 2세의 재위 기간은 894년부터 906/907년경이다. 모라비아는 내전을 겪으며 이전에 스바토플룩이 병합했던 많은 지역이 떨어져 나갔다. 이렇게 분리된 지역 중에는 스바토플룩 시대에 모라비아 공작령이었던 보헤미아가 있는데, 보헤미아는 895년에 모라비아에서 독립했다.

모라비아는 10세기 초에 마자르의 침략으로 몰락했으며, 영토는 보헤미아와 헝가리로 나뉘게 되었다.

[보헤미아 왕국]

보헤미아는 895년에 모라비아에서 독립하면서 모라비아의 영토 중 일부를 상속하면서 체코 역사의 다음 장을 써 내려갔다.

보헤미아는 초기에 이 지역의 프레미슬 왕조가 다스렸다. 1306년까지 체코 영토를 다스린 프르셰미슬 왕조는 전설로 여겨지는 리부셰 공주(체코의 어머니로도 불림)가 건국했다. 19세기 체코 부흥이 한창이던 시기에 알로이스 이라세크가 정리한 가장 유명한 건국 신화에 따르면, 리부셰 공주가 비셰흐라드의 언덕에 서서 프라하의 탄생을 예견했고, "보라, 그 명성이 별까지 다다를 위대한 도시가 보이노라."라고 말했다고 한다.

이라세크는 리부셰 공주가 현명하게 체코 영토를 통치했고 백성들도 행복했다고 적었다. 그러나 대립하던 두 명의 왕족이 여성인 리부셰 공주의 판단에 이의를 제기는 일이 발생했다. 이에 격분한 공주는 두 왕족에게 자신의 섬세한 통치 스타일을 제대로 이해하지 못함을 꾸짖으며 자기 대신 통치할 남편을 찾아오라고 명한다. 공주는 심지어 어디로 가서 어떤 사람을 찾아야 할지를 알려준다. 이때 찾아오라고 한 것이 일반 농민(프레미슬)이었다. 두 사람이 프레미슬을 데려온 후 공주와 프레미슬은 결혼식을 올렸고, 이렇게 프레미슬 왕조가 탄생했다.

첫 번째 프레미슬 왕자인 보르지보이는 880년경에 블타바 강이 내려다보이는 곳에 프라하성을 지었고 비셰흐라드 요새의 기능을 이전했다. 그러나 역사 문헌에 따르면 프라하성은 보르지보이가 있던 시대보다 수십 년 전부터 있었던 것으로 나타난다. 프레미슬 왕조 시대에 체코는 950년에 신성로마제국에 병합되었지만, 명목상의 주권을 가까스로 유지했다. 성 바츨라프(영어로는 웬서슬러스) 왕자는 935년에 비기독교인이던 동생 볼레슬라프의 손에 참혹하게 살해되었다. 이 사건으로 기독교 순교자와 체코 민족주의의 상징이 탄생했다. 바츨라프는 후에 보헤미아의 수호성인으로 추대되었다.

보르지보이의 아들 중에서도 특히 스피티네프 1세는 아버지의 업적을 이어갔다. 그는 프라하를 중심으로 반경 30km에 이르는 체코의 중심부를 완성했다.

스피티네프가 통치했던 시기는 프라하의 발전에 매우 중요했다. 9세기 말이 되자 프라하는 정치권력과 문화의 중심지가 되었다. 그리고 973년에 교구가 세워지면서 종교적인 권위의 중심이 되었다. 체코가 국가적으로 성장하고 발전함에 따라 프라하는 문화, 정치, 종교 권력의 중심지로 늘 자리했다. 다른 유럽 국가의 수도 중에서도 이렇게 오랜 기간 그 지위를 유지한 적은 없었다.

1029년에 모라비아가 보헤미아의 지배하에 놓이게 되면서 12세기에 보헤미아는 왕국이 되었다.

13세기에 접어들 무렵, 수공예와 무역의 중심지로 수많은 도시가 세워지면서 보헤미아는 가파르게 성장했다. 또한 이흘라바와 쿠트나호라 사이에 매장된 풍부한 은으로 인한 막대한 부 덕분에 명성을 얻었다. 전성기의 쿠트나호라는 보헤미아에서 프라하 다음으로 중요한 도시로 손꼽혔다. 왕실 도시라는 호칭이 내려진 쿠트나호라에는 조폐국이 세워졌다. 이렇게 체코 역사에서 중요한 입지를 차지하는 쿠트나호라는 유네스코 세계문화유산으로도 지정되어 매우 인기 있는 관광지가 되었다. 오타카르 2세(재위 기간 1253~1278년)는 지금의 오스트리아와 슬로베니아까지 체코 왕국을 더욱 확장했다.

프레미슬 왕조는 바츨라프 3세가 살해된 이후 기울어갔다. 그러나 프레미슬 왕가와 14세기 초에 혼약을 맺었던 룩셈부르크 가의 카를 4세의 통치(재위 기간 1346~1378년) 기간 체코 영토는 권력과 명성의 정점에 치달았다. 카를은 1355년에 신성로마제국 황제로 선출되었고 프라하를 황제의 거주지로 삼았다. 그는 프라하를 재건하여 외관을 가꾸었고, 중부 유럽에서 가장

왼쪽에 무릎을 꿇은 사람이 보헤미아의 왕이자 신성로마제국 황제 카를 4세이다.
봉헌 패널 확대, 1370년경

오래된 대학교인 카를로바대학교^{Charles University}(프라하대학교)를 포함하여 유수의 기관을 설립했다.

카를은 아들 바츨라프 4세(재위 기간 1378~1419년)에게 보헤미아 왕의 자리를 물려주었다. 바츨라프의 재위 기간은 서방교회 대분열(1378~1417년) 시기와 궤를 같이했다. 서방교회 대분열은 로마와 아비뇽의 두 교황이 각각 교회 수장으로서 정통성

을 주장한 사건이다. 유럽 국가의 지도자, 귀족, 성직자는 어느
한쪽을 지지하는 수밖에 없었다.

【 교회와 국가 】

바츨라프는 아비뇽의 교황을 지지했고, 그로 인해 로마 교황
을 지지하던 프라하 대교구와 불화를 겪게 되었다. 바츨라프
가 막대한 부와 영향력을 자랑하던 플젠 근처의 클라드루비
베네딕토회 수도원의 재산을 손에 넣으려 하면서 대교구와의
갈등은 더 심화하였다. 바츨라프는 재직 중인 수도원장의 사
후 후임 수도원장을 선출하
지 말라는 명을 내렸다.

프라하 카를교에 있는 성 요한 네포무크 동상

1393년에 프라하 대교구
의 주교 총대리 요한 네포
무크가 바츨라프의 명에 불
복하고 새 수도원장의 선출
을 장려하고 개인적으로 새
수도원장의 임명을 공인하
면서 갈등은 정점에 달했다.
이로 인해 격분한 바츨라프

는 주교 총대리를 체포하여 고문하고 블타바 강에 빠트려 살해했다. 이 행동으로 바츨라프는 체코 귀족 사회의 심각한 반발에 직면했다. 요한 네포무크는 순교자로 여겨졌으며 결국 1729년에 성자로 추대되었다. 오늘날 체코에서는 그의 동상을 여기저기서 찾아볼 수 있다.

왕과 교회 간의 불화는 바츨라프가 체코 신학자이자 철학가 얀 후스의 교회 개혁 요구를 지지하면서 더 깊어졌다. 바츨라프는 후스와 그의 지지자를 이단으로 고발하라는 로마의 요구를 따르지 않았다.

1415년 5월, 후스는 콘스탄스 공의회(서방교회 대분열을 막기 위한 목적으로 소집됨)에 소환되었고 이단죄로 기소되었다. 자신의 주장을 철회하지 않았던 후스는 사형을 선고받았고 1415년 7월 6일 콘스탄스에서 그의 화형식이 거행되었다. 바츨라프 4세 통치 후반부에는 여러 사건이 누적되어 결국 그가 사망하기 얼마 전인 1419년에 후스 전쟁이 발발했다.

【 후스 전쟁(1419~1436년) 】

얀 후스는 영국 신학자 존 위클리프에 이어 종교 개혁가의 선도자로 손꼽힌다. 사실 그는 위클리프의 글에 많은 영향을 받왔다. 그래서 위클리프와 동일한 개혁안을 주장했다. 대표적인 요구가 교회 상층부의 복잡한 계급과 과도한 부를 줄이는 것이었다. 후스와 그가 쓴 글은 많은 보헤미아 사람들의 마음을 움직였고, 그는 대중적인 인기를 얻게 되었다. 후스의 죽음 이후 그의 지지자는 개신교의 전신이라고 볼 수 있는 후스 운동을 조직했다.

후스가 사망한 직후 후스파는 성공적이지 못했다. 신성로마 제국 황제로 선출되고자 하는 야망이 있던 바츨라프가 후스와 그의 교회 개혁 사상에 관한 태도를 바꾸어 지지를 중단한 탓이 컸다. 후스의 지지자 중에는 고위급 정부 인사도 많았는데, 바츨라프는 후스의 처형 후 수단과 방법을 가리지 않고 이들을 자리에서 쫓아냈다.

1419년 얀 젤리브스키 신부가 이끄는 한 무리의 후티파가 프라하의 신축 시청을 공격했다. 이들은 시의원과 왕의 대변인들을 창문 밖으로 던져 사망하게 했다. 이것이 최초의 '프라하의 축출 defenestration(원래 창밖으로 내던지기라는 뜻-옮긴이)'로 알려졌다. 이 사건으로 후스 전쟁(1419~1436년)이 발발했다.

한마디로, 후스 전쟁은 5차례에 걸쳐 십자군과 보헤미아의 후스파 간의 싸움이었다. 얀 지슈카가 이끈 개혁주의자 군은

설교하는 얀 후스(왼쪽), 후스파와 십자군 간의 전투(오른쪽). 옌스키 코덱스, 15세기

천주교를 믿는 황제의 우세한 군을 저지했다. 15세기 중반이
되자 천주교회와 후스파는 난관 끝에 휴전을 맺었다. 그러나
1526년에 오스트리아에서 천주교를 믿던 합스부르크 가문이
다시 보헤미아를 점령했다. 루터주의가 체코에 전파되면서 대
체로 개신교였던 체코 귀족들이 권력을 얻게 되었다.

보헤미아 귀족과 합스부르크 가문 간의 관계는 좋게 말해도 긴장 상태였다. 두 번째 '프라하의 축출'이 1618년에 일어나자 이미 엉망이었던 양쪽의 관계는 더 깊은 수렁으로 빠졌다. 그 결과 세 명의 왕실 천주교 관리가 프라하성 구왕궁의 창문 밖으로 던져졌다. 두 번째 축출이 더 유명해진 이유는 이 사건이 1618년부터 1648년 사이 유럽에서 벌어진 30년 전쟁 발발의 주된 요인으로 작용했기 때문이다.

보헤미아 귀족이 백산 전쟁에서 패배하면서 합스부르크 가문은 1620년에 이 지역의 통치권을 강화할 수 있었다. 보헤미아 귀족의 패배(프라하 구시가지 광장에 추모 기념비 건립) 이후 체코인들은 천주교로 개종하거나 터전을 떠날 수밖에 없었고, 이런 정책의 영향으로 지금까지도 주변국보다 종교를 믿는 비율이 낮게 나타나게 되었다. 개신교와의 싸움에 앞장섰던 것은 예수회로, 바로크 양식의 교회를 많이 지었다.

체코의 영토는 1918년까지 합스부르크 제국에 포함되었고, 제국의 동화 및 독일화 정책 대상이 되었다. 19세기가 되자 지식 계급에서 독일어로 읽고 쓰게 되면서 체코어는 사멸 직전까지 내몰렸다. 1848년에 전국적으로 언어와 문화를 부흥시키려는 노력이 정치까지 번져서 체코인들은 더 많은 주권을 요구하기 시작했다. 오스트리아-헝가리의 이중 왕국이 1867년에 탄생하면서 보헤미아는 오스트리아의 행정 구역(주)으로 격하되었고, 민족주의 정서가 성장했다. 그러나 독립이라는 목표는 제1차 세계 대전 이후 오스트리아-헝가리 제국이 패배하여 해체되고 나서야 달성할 수 있었다.

[제1공화국]

제1차 세계 대전 후 탄생한 베르사유 조약에는 민족자결권 원칙이 명시되었고, 이에 따라 1918년 10월 28일에 체코슬로바키아가 주권국으로 건국되었다. 토마시 가리크 마사리크 대통령이 이끈 체코-슬로바키아 제1공화국은 가장 진보적인 헌법과 10년 만에 세계 최선진국의 반열에 올랐다.

토마시 마사리크(1925년)

제1공화국은 많은 체코인

의 깊은 향수를 불러일으키는 시기이다. 신생 독립국이 빠르게 자립하면서 체코가 세계에 손을 뻗었을 뿐만 아니라, 세계여러 나라도 체코에 손을 내밀었다.

이 시기는 사회주의 체제가 끝나자 두 개의 인기 TV 시리즈에서 다루는 주제로 등장했다. 〈경찰의 유머레스크^{Četnické Humoresky}〉는 브르노시 경찰들이 겪는 모험을 다룬 시리즈이다. 범죄, 드라마, 코미디가 접목된 이 시리즈의 내용 대부분은 제1공화국 시기에 실제 있었던 사건을 바탕으로 했다. 1997년에 처음 방영되어 세 시즌 동안 방영되었고, 이후 TV에서 정기적으로 재방송되었다.

〈제1공화국^{První Republika}〉이라는 드라마는 2014년에 시작되어 세 시즌 동안 방영되었다. 이 드라마는 의상과 세트의 고증이 잘된 것으로 유명했으며 영국 역사 드라마 〈다운튼 애비^{Downton Abbey}〉에 많이 비견되었다.

안타깝게도 제1공화국은 20년 정도밖에 가지 못했다. 1938년 9월에 있었던 악명 높은 뮌헨회담에서 영국, 프랑스, 이탈리아가 히틀러의 영토 주장에 따라 독일인이 많이 살던 체코 북쪽의 수데텐란트 지역을 나치 독일에 넘기기로 합의한 것이다. 체코슬로바키아의 나머지 영토는 1939년 3월 독일 침략으로 병합되었다. 에드바르트 베네시는 런던에서 망명 정부를 세웠다. 나치 강점기는 1945년 5월 제2차 세계 대전이 끝날 때까지 계속되었다.

【 나치 강점기 】

슬로바키아를 분리한 다음 독일은 나머지 체코 영토를 명목상으로만 자치권이 주어진 보헤미아-모라비아 보호령으로 만들었다. 나치 강점기에 벌어진 가장 끔찍한 사건으로 손꼽히는 것이 라인하르트 하이드리히 보헤미아-모라비아 보호령 총독 대리 암살 사건 이후 벌어진 일이다. 1942년에 영국에서 훈련을 받은 체코 저항군이 프라하로 돌아와 하이드리히 암살을 시도했다. 하이드리히는 부상을 입은 데 그쳤지만, 1주일 후 상처에 박힌 파편으로 인한 패혈증으로 사망했다.

이 사건으로 게슈타포와 SS(비밀경찰-옮긴이)는 암살에 연관되었다는 연유로 1,000명에 가까운 체코인을 죽이고 3,000명의 유대인을 추방했다. 그러나 보복은 여기서 그치지 않았다. 하이드리히가 사망한 며칠 뒤인 6월에 히틀러는 체코의 소도시 리디체를 쓸어버리라는 명령을 내렸다. 명분은 암살범들을 도왔다는 것이었지만, 실제 근거는 하나도 없었다. 약 200명의

16세 이상 성인 남성과 소년이 총살당했고, 여성은 수용소로 보내졌다. 어린이는 별도 수용소에 수용됐다. 그들은 도시를 완전히 파괴하고 그 자리에 작물을 심었다.

하이드리히 암살 작전의 작전명은 앤트로포이드(유인원-옮긴이)이다. 2016년에 제작된 영화 〈앤트로포이드〉는 바로 이 작전과 이후 자행된 리디체의 파괴를 다루었다. 이 영화는 모든 장면이 프라하에서 촬영되었으며 실제 역사적 사건이 일어난 장소를 세트로 활용했다.

이런 극적인 사건과 함께 체코인들은 독일 공장에서 노예 노동을 하도록 추방당했고, 게슈타포의 일제 검거, 무차별 폭력 및 처형, 기아에 가까운 상태가 일상다반사로 일어났다.

체코슬로바키아는 1945년에 소련과 미국 군대의 도움으로 해방되었으며 베네시를 지도자로 하여 국민 통합 정부가 구성되었다. 체코슬로바키아는 200~300만 명에 달하는 독일계 시민을 추방했으며, 이 과정에서 수천 명이 사망했다. 이런 추방으로 체코슬로바키아와 독일 및 오스트리아 간의 관계는 더욱 악화했다. 그리고 이렇게 쫓겨난 독일계 시민과 그 자손은 체코 영토 바깥에 터를 잡고 오늘날까지도 그들이 상실한 재산에 대해 보상해 달라고 로비를 벌이고 있다. 그러나 나치 강점기에 겪었던 고통[체코인을 대상으로 한 폭력적인 억압과 로마(집시)와 유대인 대부분을 추방하고 이들에 대한 인종 청소를 자행한 점]을 고려하면 체코인 대부분은 이 추방이 정당하다고 생각한다.

【 공산주의 통치 】

제2차 세계 대전 후 루스벨트, 처칠, 스탈린이 합의한 1945년 얄타 회담의 결과로 체코슬로바키아는 소련의 영향권에 들게 되었다. 원래 전후 민주주의 정치 체제에서 협력하고 있던 체코슬로바키아 공산당은 소련의 지원을 받아 1948년 2월에 완전히 실권을 장악했다. 이에 따라 체코슬로바키아는 철의 장막 뒤에서 또 한 번의 점령과 전체주의라는 수모를 겪을 수밖에 없었다. 1950년대에 벌어진 스탈린주의자의 여론 조작용 재판(스탈린주의를 지지하지 않는 인사를 축출하는 목적으로 실행됨)은 사람들에게 공포심을 심어 주었고, 대부분이 자신의 속내를 드러내지 않게 만들었다.

【 전쟁 영웅에 대한 탄압 】

체코슬로바키아 역사에서 중요한 일은 전쟁 시기에 일어났다. 당시 수많은 남성과 여성이 나치에 점령된 고국을 떠나 히틀러에게 맞서 싸우기 위해 연합군에 가담한 것이다. 이런 사실은 1948년부터 시작된 사회주의 정권에서 수십 년간 은폐되었다. 따라서 많은 체코인과 슬로바키아인들은 사회주의가 무너진 이후에 정보가 공개되고 나서야 동포들의 영웅적인 행위를 알게 되었다. 연합군에서 싸웠던 체코인과 슬로바키아인 중에 가장 유명했던 것은 영국 왕립공군에 소속되었던 사람들이다. 체코인과 슬로바키아인 파일럿은 폴란드에서 참전한 파일럿과 더불어 왕립공군 중에서도 가장 결의에 차고 두려움이 없는 것으로 명성을 드높였다.

처음에 체코인과 슬로바키아인 참전용사들은 영웅 대접을 받으며 고국으로 귀환했다. 그러나 전쟁 기간 서구의 민주주의 사회에 노출되었던 탓인지 사회주의 정권은 참전용사들을 정치적 위협으로 간주했다. 그리고 그들의 전쟁 당시의 노고에 관한 정보를 체계적으로 통제하면서 그들을 체코슬로바키아 사회에서 소외시켰다. 그래서 참전용사 중 많은 수가 서구권 국가로 탈출했고, 고국에 남은 사람은 광산이나 다른 어렵고 천한 일을 하며 지낼 수밖에 없었다. 전쟁 중, 그리고 귀국 후 사회주의 정권하에서 파일럿들이 겪은 경험은 2001년에 영국과 체코가 합작하고 얀 스베라크가 감독한 영화 〈다크 블루

월드)의 모티브가 되었다.

[프라하의 봄과 '정상화']

알렉산더 둡체크가 이끌던 체코 공산당은 1960년대 후반에 '프라하의 봄'이라는 이름의 개혁 정책을 통해 정권 통제를 완화하려 했다. 그러나 1968년 8월에 바르샤바 조약기구의 다섯 개 회원국이 침공하면서 '인간의 얼굴을 한 사회주의' 실험은 끝나고 말았다. 유럽의 사회주의 국가 중에서 알바니아, 루마니아, 구유고슬라비아는 체코슬로바키아를 지지하고 침공에

소련의 체코슬로바키아 침공 당시 국기를 든 시위대가 불타오르는 탱크 옆을 지나고 있다.

참여하지 않았다.

1969년 1월에 카를로바대학교 학생이던 얀 팔라흐가 프라하의 봄을 끝내버린 바르샤바 조약군의 침공에 반대하며 분신했다. 그의 죽음 이후 사회주의 정부에 반대하는 시위가 이어졌고, 같은 해 4월에 또 다른 대학생 얀 자이츠가 분신했다. 팔라흐와 자이츠의 분신은 지금까지도 체코인의 마음속 깊이 남아 있으며, 두 사람을 기리는 프라하 바츨라프 광장의 기념비에는 이들의 죽음을 기리는 날이면 헌화가 이루어진다.

프라하의 봄이 끝나자마자 '정상화'가 찾아왔다. 대체로 정상화 기간은 1969년부터 1987년까지이며, 공산당의 권력을 회복하고 둡체크가 추진했던 개혁 사상을 억압하기 위해 시작되었다. 그러나 정상화는 20년 가까이 거의 모든 체코슬로바키아에서의 삶에 영향을 미쳤다.

1969년 초에 둡체크는 공산당에서 축출되었고 그 자리를 구스타프 후사크가 대체했다. 당 지도부가 되자마자 그는 정부의 모든 직위에서 개혁주의자를 숙청했고 권력을 자신에게 집중시켰다. 후사크는 러시아 공산당의 명이라면 무엇이든 하는 꼭두각시였으며 체코슬로바키아의 국정 운영의 모든 측면에서 기꺼이 러시아 공산당이 시키는 대로 했다.

후사크는 개인의 자유가 줄어드는 것을 소비재의 양과 종류를 늘리는 것으로 보상하여 민심을 사고자 했다. 이런 정책은 아주 잠깐만 효과가 있었을 뿐, 1970년대가 되자 경제가 정체되기 시작했다. 소비재는 이를 살 수 없는 대중에게는 보상책이 될 수 없었다.

1977년에 극작가 바츨라프 하벨이 포함된 '77헌장Charter 77'이라는 지식인 인권 단체가 결성되었다. 이를 계기로 반대 목소리를 내는 세력에 대한 단속이 강화되었다.

경제 정체와 개인의 자유에 대한 억압이 1980년대까지 이어지면서 냉소주의와 비관주의가 나타났다. 그리고 노동자의 무관심과 임원진의 부패로 정의되는 직업윤리의 퇴보와 함께 정권이 금지하는 모든 것을 거래하는 지하 경제가 생겨났다. 이로 인해 정실주의와 족벌주의가 발달했다. 연줄이 있는 사람은 다른 사람이 가질 수 없는 것을 가질 수 있게 된 것이다. 많은 체코인이 스스로 국민성이라고 손꼽는 '부러워하는 마음'이 여기에서 기인했을 수도 있다.

1985년 소련에서 미하일 고르바초프가 집권하면서 체코인들에게 긴 터널의 끝이 보이게 되었다. 고르바초프는 페레스트로이카(개혁)와 글라스노스트(개방)라는 개념으로 표현되는 개혁을 추진했다. 이 두 가지 원칙은 정상화와는 반대되는 것이었다. 페레스트로이카와 글라스노스트라는 원칙과 이 원칙이 유럽 사회주의 국가의 억압된 대중에게 주는 희망 앞에서 정상화는 이제 살아남을 수 없었다. 공산주의의 심장부라는 러시아에서 이런 변화가 일어날 수 있다면 다른 사회주의 국가에도 변화의 바람이 불 수 있을 것이었다.

1968년에 바르샤바 조약군을 보내 프라하 침공에 나섰던 5개국은 1989년에 체코슬로바키아에 공식적으로 사과했다.

【 벨벳 혁명 】

체코슬로바키아는 1989년까지 공산주의가 지속되었다. 이 시기에 소비에트 제국의 부패와 공산주의 체제의 몰락으로 동유럽 및 중유럽에서는 정정 불안과 시위가 발생했다. 체코슬로바키아에서는 알렉산더 둡체크와 바츨라프 하벨이라는 정신적 지주의 지도에 따른 1989년 11월 시위로 정점에 달했다. 그 결과 공산주의 정권이 무너졌다. 새로운 정당이 생기고 합법화되었으며, 공산당은 모든 권력을 박탈당했다. 하벨은 대통령으로 임명되었고 수천 명의 수감자가 사면되었다. 이 사건은 벨벳 혁명으로 널리 알려졌다.

체코슬로바키아의 두 민족 집단을 대표하는 정치인[대표적으로 블라디미르 메치아 구 슬로바키아 총리와 바츨라프 클라우스 전 체코 총리(후에 대통령으로 선출)] 간의 다툼으로 의회에서는 체코와 슬로바키아로 국가를 분리하기로 한다(이를 '벨벳 이혼'이라고도 한다). 국가 분리에 관한 국민 투표는 이루어지지 않았지만, 1993년 1월 1일부로 체코슬로바키아가 분리되었다. 그리고 바츨라프 하벨은 체코의 대통령으로 선출되었다. 당시 여론조사를 보면 국가 분리에 찬성하는 비율은 9%밖에 되지 않았다. 25년 후에 다시 시행한 여론조사 결과에 따르면 과반수에 달하는 체코인과 슬로바키아인이 국가 분리가 도움이 되지 않았으며 국민 투표를 거치지 않은 것에 분노한다고 답했다.

국가가 분리된 데는 여러 가지 이유가 있었다. 그중 주요 원인은 체코슬로바키아의 정치, 경제적 발전 계획에 관한 바츨라프 클라우스와 블라디미르 메치아 간의 견해차이다. 체코 쪽은 산업과 금융 측면에서 슬로바키아 쪽보다 더욱 발전된 상태였고, 클라우스는 국영 기업의 민영화와 경제 성장을 빠르게 이루고 싶어 했다. 그러나 메치아는 슬로바키아 지역의 고도로 숙련된 전문 인력이 돈을 더 많이 주는 해외로 유출될 것을 우려하여 신중한 태도를 보였다.

국가가 분리되던 당시 이 두 사람은 분리가 불가피하다고 설명했다. 2018년에 국가 분리 25주년 기념 인터뷰에서도 두 사람의 의견은 변하지 않았다. 이렇게 국가가 분리되었지만, 양국 국민은 서로를 가족처럼 가깝게 여기고 있다.

1993년 이후 체코는 1995년 경제협력개발기구^{OECD}, 1999년 북대서양조약기구^{NATO}, 2004년 유럽연합^{EU}, 2007년 셍겐 지역 가입 등 성공적으로 다자기구에 진출했다.

정부

체코는 의회민주주의 국가이다. 국가수반은 대통령이고 정부 수반은 총리가 맡는다. 대통령은 5년에 한 번씩 직접 선거를 통해 선출되고 대통령의 권력은 제한적이면서도 매우 구체적이다. 총리는 대통령이 임명하게 되어 있다. 총리는 17개 정부 부처의 장관을 임명하며 내각을 이끈다.

의회는 국민회의(하원)와 상원으로 구성되는 양원제이다. 하원과 상원 의원은 모두 선거로 선출된다. 행정과 선거 목적으

블타바 강에서 본 정부 건물과 프라하성

로 전국을 14개 주^{kraje}(단수형은 kraj)로 나눈다.

바츨라프 하벨은 2003년 겨울에 10년의 임기를 마치고 대
통령직에서 퇴임했다. 몇 번의 논쟁이 되는 선거 끝에 후임으
로 바츨라프 클라우스 전 총리가 선출되었다.

바츨라프 클라우스는 2003년부터 2013년까지 대통령직을
역임했다. 그의 재임 기간은 논란으로 점철되었는데, 그중 유명
한 것은 EU 회의론과 지구 온난화, 기후변화를 부정하는 입장
이었다.

클라우스의 뒤를 이어 밀로시 제만이 최초의 직접 선거로
선출된 대통령이 되었다. 하벨과 클라우스는 모두 의회 투표

로 전국을 14개 주[kraje](단수형은 kraj)로 나눈다.

로 선출된 대통령이었다.

제만은 2018년 재선에 성공했고, 현재까지 그의 임기는 수많은 논란으로 점철되었으며 많은 체코인이 그를 대통령에 적합하지 않다며 회의적인 반응을 보인다.

전임 대통령인 클라우스처럼 제만도 EU에 회의적이며 기후 변화를 부정한다. 2017년에는 슬로바키아 출신의 안드레이 바비시를 총리로 임명하여 언론과 대중의 질타를 받았다. 바비시를 둘러싸고 국내와 EU에서 수많은 논란이 있었다. 바비시가 총리로서 남기는 유산은 향후 수년간 체코인 사이에서 상당한 논란거리로 회자될 것이 분명하다.

체코 국민의 제만/바비시 정부에 대한 비호감은 2019년 1월 프라하와 체코 전국에서 벌어졌던 대중 집회에서 잘 나타난다. 당시 집회는 1989년 벨벳 혁명 이후 가장 큰 규모였다.

2021년 의회 선거에 따른 주요 정당 그룹을 보면 중도 우파에는 안드레이 바비시가 이끄는 ANO와 바비시와 ANO에 맞서 선거 승리를 위해 결성된 중도 우파 성향 정당 연합인 Spolu(시민민주당[ODS], 기독민주연합-체코인민당[KDU-ČSL], Top 09)가 있다.

다른 의회 그룹에는 중도 해적 및 시장(체코 해적당, 시장과 독립당[STAN]의 연합)이 있으며, 극우 자유직접민주주의당[SPD]이 있다.

Spolu 연합이 총투표수에서는 ANO를 근소한 차이로 이겼지만, ANO는 하원에서 여전히 가장 강력한 단일 정당의 지위를 유지하고 있다. 선거 결과를 바탕으로 의회가 구성되기까지 몇 개월 동안의 협상 과정을 거칠 수 있다. 밀로시 제만이 원 구성 협상에서 어느 정도의 영향력을 행사할지에 따라 새로운 하원 구성의 향방이 정해질 것이다. 이 책이 출판될 즈음에 이 과정이 어떻게 전개될지는 아직 아무도 모르고 추측만 난무하고 있다.

2021년 선거에서 가장 중요한 사건은 1993년 체코 건국 이후 최초로 공산당(극좌 보헤미아-모라비아 공산당KSČM)이 의회에서 한 석도 획득하지 못했다는 것이다.

경제

공산주의 정권 시절 체코슬로바키아에는 다양한 산업 부문과 제조업 공장, 광산이 있었다. 슬로바키아 지역에 대부분의 중공업이 집중되어 있었는데, 다른 말로 하면 1993년 분리 이후 북보헤미아와 모라비아 실레시아 일부 지역을 제외하면 체코에는 쇠퇴하는 구시대적 산업이 없다는 말이다. 분리 이후 체코는 대체로 번영 가도를 달렸다.

체코 경제는 탄탄하고 매우 다변화되어 있다. 경제 성장률도 건실하고 EU에서도 최저 실업률(2020년 1월 기준 2.0% 정도)을 자랑한다. 또한 빈곤율도 OECD 최저치이다. 코로나19 팬데믹과 이에 따른 격리 조치로 일정 기간 경제와 실업률에 타격을 주겠지만, 지속적인 경제 성장에 가장 직접적인 위협은 노동력 부족과 인구 노령화이다.

가장 큰 경제 부문은 서비스업으로, GDP의 60% 정도를 차지한다. 서비스 산업에서 가장 중요한 산업은 ICT, 나노 기술, R&D, 소프트웨어 개발, 관광 산업 등이다.

제조업 부문은 GDP의 37%를 차지한다. 여기에는 자동차, 항공우주, 기타 운송 장비 제조업이 포함된다. 또한 화학제품, 유리, 제약, 제철도 포함된다. 스코다 자동차(2000년 이후 폭스바겐이 인수), 필스너 맥주, 제토르 트랙터, 체코산 전차와 트램(전 세계 도시에서 사용됨) 등 일부 체코산 제품은 국제적으로도 유명하다.

농업은 GDP의 2% 정도로 체코 경제에서 차지하는 비중이 작지만 중요한 역할을 하고 있다. 체코 농업에서는 과채류, 곡물, 홉, 오일시드, 포도 재배, 축산, 낙농 등이 중요하다.

통화는 체코 코루나^{CZK}로, 수년간 달러와 유로에 대해 성공적으로 방어했고, 앞으로도 그럴 것으로 보인다. 최근 EU와 재계에서 유로를 도입하라는 압박(이미 많은 체코 기업이 유로로 거래함)이 거셌지만, 정부와 대중은 유로 도입을 서두르지 않는 모습이다. 정부의 경우 EU 회의론자인 클라우스와 제만이 대통령이었던 탓이 크다. 체코 국민 중 다수가 코루나에 애착을 하고 있으며, 코루나를 마지막으로 남은 국가 주권의 상징으로 여기고 있다. 2009년 유럽 부채 위기도 체코 국민의 반유로화 정서를 굳히는 데 한몫했다. 당시 유로화를 사용하는 다른 국가가 위기로 휘청이는 가운데 자국 통화를 유지하던 체코는 경제가 굳건했기 때문이다.

사회주의 시절을 벗어난 체코는 외국계 기업에 인기 있는 곳이 되었다. 외국계 기업은 처음에는 프라하에 기반을 마련했다. 그러나 브르노, 오스트라바, 플젠 등 다른 대도시의 저렴한 운영비용과 잘 갖춰진 인재 풀 덕분에 많은 기업이 수도 프라하에서 소규모 행정 업무 사무소를 운영하고 이들 도시로 대부분의 사업부를 이전하게 되었다. 최근에는 체코 고등교육 기관의 탄탄한 IT 교육과 졸업생의 뛰어난 능력 때문에 많은 외국계 기업이 IT 지원 센터를 체코에 세우고 있다.

체코 IT 역량을 증명하는 사례가 바로 1996년에 설립된 세즈남이다. 세즈남은 현지에서 인터넷계의 거인 구글을 뛰어넘은 몇 안 되는 현지 인터넷 검색 엔진 및 포털이다.

세계 속 체코

체코 디아스포라는 전 세계에서 찾아볼 수 있지만, 체코인이 가장 많이 사는 곳은 미국 중서부와 텍사스 주로, 이주 역사는 19~20세기 초로 거슬러 올라간다. 체코인과 슬로바키아인이 미국 중서부로 이주한 데 따른 영향은 아이오와 주 시더래피즈에 있는 국립 체코-슬로바키아 박물관 및 도서관에서 확인할 수 있다. 공산주의 정권 시절과 특히 1968년 후에 많은 반정부 인사가 미국, 캐나다, 호주, 기타 서방 국가로 탈출했다. 공산주의 정권이 무너지고 나서 대다수가 고국으로 돌아왔다.

오늘날 체코인도 다른 나라로 이민을 하지만, 예전처럼 그 수가 많지는 않다. 그렇지만 체코가 전 세계와 유럽 경기에서 정상을 차지하면서 특히 하키와 축구 선수 등 정상급 운동선수와 같은 인력 '수출'이 꾸준히 이루어지고 있다. 가장 유명한 체코 운동선수 중에는 테니스 스타 마르티나 나브라틸로바 (프라하에서 출생했으나 1975년 망명해 미국 시민권자가 됨), 북미 아이스 하키리그[NHL] 포워드 야로미르 야그르가 있다. 야그르는 9개의 NHL 팀에서 뛰었으며 1998년 올림픽 금메달, 2006년 올림픽 동메달을 획득했다.

체코에서는 매우 많은 수의 중요한 문화 인사를 배출했다. 체코 출신의 유명 작가 중에는 프란츠 카프카(《판결》,《변신》 저자), 카렐과 요세프 차페크 형제('로봇'이라는 단어의 창시자), 밀란 쿤데라(《참을 수 없는 존재의 가벼움》 저자) 등이 있다. 안토닌 드보르자크, 베드리히 스메타나, 레오시 야나체크, 보후슬라브 마르티뉴 등은 체코를 빛내는 유명 작곡가다. 모차르트를 포함한 다른 클래식계의 거장도 삶의 어느 시점에 프라하와 다른 체코 도시에 살며 작업했던 것으로 알려져 있다.

영화도 체코인이 인상적인 업적을 남긴 분야이다. 아카데미상을 두 번이나 받았던 밀로스 포만(〈아마데우스〉, 〈뻐꾸기 둥지 위로 날아간 새〉 감독), 이리 멘젤(1967년 아카데미상 수상, 〈가까이서 본 기차〉 감독), 얀 스베라크(1996년 아카데미상 수상, 〈콜리야〉 감독), 애니메이터이자 단편 영화 감독 얀 슈반크마예르 등 모두가 자신의 예술 영역에서 최고의 경지에 오른 체코인이다.

아르누보. 황도 12궁 달력용 우화 그림(알폰스 무하 작품)

시각 예술 부문에서는 모든 체코 건물을 장식하는 포스터에서 금방 알아볼 수 있는 아르누보의 거장 알폰스 무하가 있다.

또한 체코는 현대에서 가장 유명한 철학자와 정치가(기막힌 우연의 일치로 동일인일 때도 있다)를 배출했다. 공산주의 시대 후 체코 대통령이 된 극작가 바츨라프 하벨, 철학가이자 체코슬로바키아 초대 대통령으로 20세기 초에 여성의 평등권이라는 급진적인 사상을 주장했던 토마시 가리크 마사리크가 대표적이다.

19세기와 20세기 전의 체코는 자기, 도자기, 특히 손으로 가공한 크리스털로 유명했다. 체코가 건축에 미친 영향도 고딕 양식의 성에 아르누보의 정수가 조화를 이루는 프라하에서 가장 잘 나타난다. 또한 프라하에는 큐비즘 건축 양식의 대표적 사례인 검은 성모마리아의 집(현 큐비즘 박물관)이 있다.

체코가 세계 문화에 미친 영향은 헤아릴 수 없을 정도이지만, 어느 모로 보아도 탁월하다. 특히 국가 규모와 외세에 의한 억압의 역사를 감안하면 더욱 그렇다. 현대 체코인은 이런 전통을 자랑스러워할 뿐만 아니라 계속해서 지켜나가고자 한다.

02

가치관과
사고방식

체코인은 보통 어느 정도 낯을 가리며 자신의 감정이나 신념을 겉으로 표현하지 않는 편이다. 이 때문에 처음에 상대방의 의도를 읽기가 어려울 수 있지만, 그렇다고 이를 불친절함으로 해석해서는 안 된다. 초반의 서먹함을 넘어서면 그 뒤에는 매우 느긋하고 진실한 면이 기다리고 있다.

어떤 집단에 속하는 사람들을 일반화하기란 꽤 어려운 일이다. 이는 체코인에 관해서도 마찬가지이다. 그렇지만 체코인이 무엇을 가치 있게 여기는지를 살펴보면 문화적 특성을 이해할 수 있을 것이다.

대체로 체코 사회는 매우 개인주의적이다. 물론 팀으로 함께 일하는 것도 가능하지만, 자신이 원하는 대로 하기를 더 좋아하는 편이다. 이런 개인주의 덕분에 체코인의 매우 독립적인 성향이 발달했지만, 체코인을 사귀는 데에 어려움으로 작용할 수 있는 낯을 가리는 면도 발달하게 되었다.

체코 사회는 높은 수준의 교육을 중요하게 생각한다. 체코 전국에 세계적으로도 유명한 대학이 많이 있으며, 2대 도시인 브르노는 유럽에서 학생이 거주하기에 가장 좋은 도시로 알려져 있다.

체코의 유머는 오랜 기간 외세의 지배를 받았던 역사를 바탕으로 한 부조리가 돋보이는 아이러니한 유머가 많다. 이런 유머에서는 체코인 스스로 체코 사회에 많다고 인정할 정도인 두 가지 특성(비관주의, 부러워하는 마음)도 많이 소재로 활용한다.

체코인은 대체로 교육 수준이 높고 재주가 좋으며, 예전부터 문제를 매우 영리하고 창조적인 방법으로 해결하는 재주를 갖춘 덕에 자족 능력도 뛰어나다. 또한 어느 정도의 겸손함도 갖추고 있다. 자기 과시를 하지 않을뿐더러 다른 사람의 과시에도 별로 신경 쓰지 않는다.

앞서 설명한 것처럼 체코인은 보통 어느 정도 낯을 가리며 자신의 감정이나 신념을 겉으로 표현하지 않는 편이다. 이 때문에 처음에 상대방의 의도를 읽기가 어려울 수 있지만, 그렇다고 이를 불친절함으로 해석해서는 안 된다. 초반의 서먹함을 넘어서면 그 뒤에는 매우 느긋하고 진실한 면이 기다리고 있다.

교육

체코 사회는 오래전부터 교육을 매우 가치 있게 여겼다. 1348년에 설립된 프라하 카렐 대학교는 중유럽에서 가장 오래된 대학교일 뿐만 아니라 세계에서 손에 꼽히는 명문대이기도 하다.

이렇게 교육을 존중하는 성향은 역사적으로 봤을 때 4세기 동안 오스트리아-헝가리 제국 통치하에서 게르만족이 학위와 그에 따른 지위를 중시하는 문화가 전파된 것이 하나의 이유라고 할 수 있다.

1918년 제1공화국이 수립된 이후 수년간과 1989년 사회주의가 종식된 후 수년간 체코인들은 교육을 가장 우선시했다. 사회주의 정권 시절에는 누구나 고등 교육을 받을 수 없었기 때문이다. 얼마나 지배 계급과 연줄이 잘 닿아 있냐에 따라 교육의 기회가 제한되었다. 모든 고등 교육 학위는 사회에서 권위가 있었고, 취업 시 일자리의 질을 결정하는 요소로 작용했다. 기업에서는 모든 직원이 학위를 가지고 있다고 하는 것이 자랑거리가 될 정도였다.

사회주의 정권이 끝나고 나서는 학위의 중요성과 학위에 대

프라하 스트라호프 수도원의 바로크 신학 홀 도서관

한 존중도가 이전보다 낮아졌다. 고등 교육의 기회가 일반 시민에게 확대되고 졸업자가 급증했기 때문일 것으로 보인다. 이제는 대학 졸업자가 흔한 상황에서 이전 세대와 같은 특권도 많이 사라졌다. 그렇다고 체코 사회에서 교육의 중요성이 이전보다 덜한 것은 아니다. 그러나 학위를 취득한 젊은 세대가 자신의 학위를 매우 자랑스럽게 내보일 필요를 느끼지 못하게 되는 상황이 되었다.

체코에서 사업을 하는 많은 외국계 기업이 체코 기업 문화가 아닌 자기들의 내부 기업 문화에 따라 체코인 직원을 뽑는다. 오늘날 세계화된 체코 비즈니스 환경에서는 학위보다 경험과 노하우가 더 중요시된다.

지난 몇 년간 체코의 성인 문해율은 99%로 안정적이며 체코 대학에 등록하는 외국인 학생의 수도 계속 증가하고 있다. 사회주의 종식 이후 고등 교육 학위를 보유한 체코인의 수는 대폭 증가했다.

젊은 세대의 부상

오늘날 체코 사회는 대체로 1989년 구체제가 종식된 후에 나고 자라 교육을 받은 세대가 대부분이다. 더 많은 자유를 누리고 다양한 외부 영향을 받은 현재의 체코 세대는 그들의 부모 세대가 그랬던 것과는 사뭇 다른 인상을 방문객에게 심어줄 것이다.

공교육에서 외국어 교육이 개선된 덕분에 젊은 세대의 외국어 구사 능력이 향상했고, 그 결과 외국인 방문객과의 소통에 자신감을 느끼게 되었다. 또한 여행 기회가 확대되고 외국 매체를 더 많이 접하게 되면서 다른 문화에 대한 호기심이 높아졌으며 이를 더 잘 받아들인다. 그렇다고 체코의 젊은 세대가 이전 세대의 가치를 저버린 것은 아니다. 다만 이전과는 확연히 다른 세대로 자리매김하고 있다.

네 이웃을 무시하라

공동체성이 강한 사회에서 온 방문객이라면 결속력이 부족한 체코 사회를 보고 충격을 받을 수 있다.

대부분 체코인은 낯가림이 있을 수 있다고 인정하며, 프라이버시를 중요하게 생각한다. 한 동네에서 20년 넘게 같은 건물에 살면서도 서로 복도에서 인사하는 정도밖에 교류하지 않는 경우도 부지기수이다.

이를 보고 체코인이 반사회적이라든가 도움이 필요할 때 도와주지 않으리라 생각하지는 말자. 체코 사회는 그저 '친구'라는 단어를 가볍게 내뱉는 사회가 아닐 뿐이다. 체코인의 이런 정서를 이해하려고 역사를 멀리 거슬러 올라갈 필요도 없다.

사회주의 정권 시절, 구 체코슬로바키아에서 사람들의 삶은 사회주의 정권의 비밀경찰인 StB의 전방위적인 감시 하에 놓여 있었다. StB는 모든 시민의 파일을 갖고 있었고, 정보원으로 일하는 사람에게 매력적인 인센티브를 제공했다. 이런 기관의 존재와 업무 성격은 자연스럽게 서로 불신하고 의심하는 환경을 만들었다. 누가 StB의 돈을 받고 있을지 모르므로 사람들은 친구를 특별히 많이 사귀거나 이웃을 알려고 하지 않았다.

이웃 중에 StB의 심기를 건드린 사람이 있다면 StB 요원이 자신의 집에 찾아왔을 것이고, 그 경험은 불쾌하기 짝이 없었을 것이다. StB는 방대한 권력을 가지고 악랄하게 사람들을 심문했다. StB는 마음만 먹으면 개인과 전체 가구의 취업, 교육, 주거의 기회를 망칠 힘이 있었다. 이런 StB의 화살이 자신과 가족의 삶에 미치는 영향을 최소화하기 위해서는 이웃의 일에는 최대한 관심을 끄고 자기 일에만 신경 쓰는 수밖에 없었다. 1990년에 StB가 해체되고 StB 구성원은 처벌을 받았지만, 이 시기의 삶을 기억하는 사람들이 여전히 그에 관한 이야기를 꺼리는 것을 보면 StB가 남긴 심리적 효과는 아직도 지속되고 있다.

체코인은 여전히 누군가를 친구로 부르는 일에 매우 신중하다. 그렇지만 그만큼 누군가를 친구로 대하는 것에 진지하고 진실하다는 것을 보여준다.

부러워하는 마음과 부

앞서 말했듯이 많은 체코인이 체코 국민성에 부러워하는 마음이 들어간다고 말한다. 이런 생각이 어디에서 유래했는지는 토론의 여지가 있다. 어떤 사람은 사회주의 정권 시절 공산당의 연줄이 작용한 정실주의에서 기인한다고 본다. 좋은 연줄이 있으면 그런 연줄이 아예 없거나 적은 사람은 꿈만 꾸거나 불평할 많은 특혜를 받을 수 있었기 때문이다.

그렇다고 하더라도 이 부러워하는 마음은 더 오래전으로 거슬러 올라갈 것이다. 제2차 세계 대전 당시의 독일 점령군, 제1공화국이 탄생하기 전 합스부르크 제국의 지배자 모두 현지인 중에서 조국에 대한 충성심을 팔아 권력자의 마음에 들어서 자신의 부귀영화를 누리고자 했던 사람을 파트너로 삼았다. 이는 인간 본성의 어두운 측면이다. 진실이 무엇이든 간에 부러워하는 마음을 이야기하는 사람은 대체로 사회주의 시절을 떠올린다. 많은 젊은 세대는 그와 같은 방식으로 영향을 받지는 않았다고 주장한다.

일반적으로 체코인은 지위의 상징에 연연하지 않으며 개인의 부와 재산을 자랑하거나 과시하는 일을 저속하다고 생각한다. 실제로 어떤 체코인은 자신의 부가 실제로는 얼마나 크든지 이를 대단하지 않게 여기는 경향이 있다. 이는 프라이버시를 중요시하는 체코인의 성향에서 기인하는 것이다.

이민자와 외국인에 대한 태도

체코가 이방인에게 보이는 태도를 '외국인 혐오'라는 단어로
설명하는 서적이 많다. 체코인들도 이 단어로 자신들을 설명
한다. 그렇지만 현대 체코를 잠깐만 살펴봐도 나라 전체를 '외
국인 혐오'라고 치부하는 것은 과장이다. 물론 일부 반이민 정
서가 보이는 곳이 있기는 하지만 말이다.

이웃 국가와 비교하면 체코인이 외국인을 살갑게 대하기까
지는 시간이 오래 걸리는 편이다. 그러나 이것을 보고 이방인
을 싫어한다고 하기에는 논리의 비약이 심하다. 체코는 관광업
이 매우 발달했고, 수많은 다국적 기업이 지사를 운영하고 있
으며 외국인 학생이 체코의 대학에 재학 중이고 외국인 노동
자가 대도시의 삶에 녹아들어 있다. 이는 '외국인 혐오'를 나타
내는 현상이 아니다.

또한 체코 통계청에 따르면 장기 비자나 영구 주거권을 갖
고 체코에 거주하는 외국인의 수가 1993년부터 현재까지 꾸
준히 늘고 있다. 2014년 체코 정부는 외국인이 체코 시민권 획
득을 어렵게 했던 법을 폐지했다. 이전 법에서는 체코 시민권
과 함께 이중 또는 다중 시민권을 거의 인정하지 않아서 체코

시민권 신청자 대부분이 시민권을 신청하면서 다른 국가 시민권을 모두 포기한다는 증명서를 제출해야 했다.

또한 최근에는 외국인이 체코에 자리를 잡고 합법적으로 거주하는 데 필요한 정부 기관 업무 처리를 도와주는 에이전시가 많이 생겼다. 체코 사회가 다른 이웃 국가보다 민족적으로 다양하지 않을지는 몰라도 '외국인 혐오' 사회가 아닌 것은 분명하다.

성에 대한 태도

체코인의 성에 대한 태도는 다른 선진국과 별반 다를 바 없다. 사회학적인 관점에서 보면 진보적인 사회라고 볼 수 있을 것이다. 보수적인 나라에서 온 방문객이라면 성적으로 관대한 나라라고 여길 수 있겠다. 체코인은 낙태, 피임, 성 소수자, 혼전 성관계 등의 주제에서 대체로 관대한 태도를 보이는데, 이는 북쪽에 이웃한 폴란드와는 매우 대조적이다.

어떤 책에서는 체코인이 불륜을 용인하는 경우가 많다고 이야기한다. 그렇지만 이는 오해의 소지가 있다. 수많은 설문 조사에서 대다수 체코인이 불륜을 비도덕적이라고 여긴다는 결과가 있기 때문이다. 다만 이들은 그런 도덕적 잣대에서 벗어난 사람에 관한 판단을 유보하는 것일 뿐이다. 불륜 행위 그 자체보다는 유혹에 직면한 인간의 나약함을 더욱 관대하게 받아들이는 것이 체코 사회라고 이야기하는 게 더 정확할 것 같다.

피임약을 철저히 통제하고 여성들이 재생산권을 인정받기 위해 힘든 싸움을 벌이는 폴란드와 다르게 체코에서는 손쉽게 피임약을 구할 수 있다. 폴란드에서는 성 소수자 커뮤니티를 대체로 인정하지 않는다. 체코와 비교하면 폴란드의 성 소수자는 법적 권리가 거의 없다시피 하다(77~78페이지 참조).

체코 사회 속 여성

체코 사회 속 여성의 역할과 체코 사회가 여성을 보는 관점은 느리기는 하지만 변화하는 중이다. 이러한 변화는 세대 간에 가치가 달라졌기 때문이다. 많은 체코의 젊은 남성, 그중에서도 도시에 거주하는 이들은 스스로 마초주의를 한 꺼풀 벗어던졌고, 불과 한 세대 전의 남성보다 집안일에 더 많은 관심을 보이고 참여하고 있다.

장년의 체코 남성은 집안일을 돕는 데 손가락 하나 까딱하지 않겠지만, 다수의 젊은 세대는 요리, 청소, 기타 집안일을 분담한다. 체코 사회에서도 남성의 육아 휴직 개념이 점점 퍼지고 있으며 유모차에 아기를 태우거나 자녀를 학교에 데려다주는 젊은 아빠의 수도 늘고 있다.

페미니즘은 많은 이유로 오랜 기간 체코 여성들 사이에서 외면당했다. 특히 진보적인 사회주의 가치인 '평등'이 명목상으로만 남으면서 수 세대에 걸쳐 체코 여성이 평등 개념에 회의적인 시각을 갖게 된 것이 크게 작용했다. 이전 체제에서 체코 여성은 남성과 동등하게 다양한 분야에서 공부하고 일할 수 있었다. 그러나 여전히 여성에게 기대되는 일반적인 역할(즉 결혼, 출산 및 양육, 가사 노동)을 수행해야 했다. '평등한' 직장에서 피곤한 몸을 이끌고 집에 돌아오면 가사 노동에 시달려야 했던 것이다. 반면 남성은 가사 노동에 참여하지 않아도 된다고 생각했다. 이런 상황을 고려하면 체코 여성이 페미니즘과 평등이라는 보다 새로운 개념에 회의적인 반응을 보인 이유가 이해된다.

체코 역사를 돌아보면 페미니즘이 자리 잡기까지 시간이

오래 걸린 또 다른 이유를 찾을 수 있다. 체코 역사에서 국가 발전에 중요한 역할을 했던 여성이 잊히는 일은 결코 없었다. 체코의 주요 여성 위인은 500코루나와 2,000코루나 지폐를 장식하고 있다.

체코의 많은 젊은 남성이 가정과 가족 내에서 자신의 태도를 바꾼 것처럼 체코의 젊은 여성 대다수도 자신의 어머니 세대보다 페미니즘을 우호적으로 바라본다. 체코 여성이 (원하는 경우) 결혼하여 가정을 꾸리는 시기는 이전보다 많이 늦춰졌다. 많은 여성이 가정을 꾸리는 것보다 경력 개발과 교육을 우선한다.

그렇다고 체코 여성의 삶이 이전보다 쉬워졌다는 말은 아니다. 체코 여성도 다른 사회의 여성처럼 많은 장벽에 부딪힌다. 체코 여성은 일부 영역에서 여전히 고용과 급여를 개선하기 위해 싸우고 있다.

젊은 여성이 면접에 가면 불편하고 불법적인 질문(결혼 계획이 있는지)을 받는 경우도 허다하다. 체코의 여성 육아 휴직 수당과 조건이 관대하다는 것을 감안하면 고용주가 불법을 저지르면서까지 이런 질문을 던지는 것도 이해는 간다. 안타깝게도 젊은 여성이 일자리를 구하려면 법적으로 이런 질문에 답을 하지 않을 권리가 있더라도 결국에는 답을 해야 하는 상황에 직면하게 된다.

다른 많은 나라와 마찬가지로 여성 대상 폭력도 심각하다. 2016년 5월에 체코는 여성에 대한 폭력과 가정 폭력을 근절하기 위해 수립된 이스탄불 협약에 서명했다. 2021년 말 현재 체코 정부는 이 협약을 아직도 비준하지 않고 있다.

그러나 체코 여성이 무기력하게 있거나 지원을 받지 못하고 있는 것은 아니다. 전국 30개 이상의 NGO 단체의 네트워크인 체코 여성 로비는 체코 국내외 여성 문제에 연대하기 위해 2004년에 설립되었다.

또한 여성이 STEM(과학, 기술, 공학, 수학) 부문 일자리에 더욱 관심을 보이도록 만들기 위한 운동도 있다. 2014년에 설립된 체키타스Czechitas라는 단체는 여아와 젊은 여성이 컴퓨터 프로그래밍과 기타 필수 IT 기술 학습을 촉진하고 이에 대한 흥미를 증진하는 활동을 하고 있으며 많은 상을 받았다. 체코 여성 로비와 체키타스는 체코 여성의 지위를 개선하기 위한 운동을 이끄는 두 가지 사례에 불과하다. 앞으로 해야 할 일이 더 많겠지만, 긍정적인 변화가 일어나고 있다는 것은 분명하다.

로마

로마(집시)는 체코에서 가장 유명한 소수민족이자 대다수 체코인이 강경한 태도를 보이는 집단이다. 보통 게으른 골칫거리이자 문제아 취급을 받는 로마는 중세 유럽 시기부터 박해받았다.

오늘날 로마와 나머지 체코 사회 간의 불화는 매우 심각하며 사회주의의 몰락도 둘 사이를 개선하는 데 별 역할을 하지 못했다. 가장 큰 이유가 홀로코스트 때문인데, 당시 체코슬로바키아 서쪽에 거주하던 체코 출신 로마가 거의 몰살당했다. 제2차 세계 대전 후 주데텐 지방의 독일계 체코인으로부터 몰수한 중공업 부문에서 일하고자 동부에 살던 많은 슬로바키아 출신 로마가 서부로 이주했다(강제로 이주당했다). 이로 인해 전후 체코슬로바키아에서 로마는 체코 방식에 적응하기보다는 슬로바키아 출신으로 자신의 정체성을 규정하며 자신의 선조와 체코인과도 다른 사고방식을 갖게 되었다.

사회주의도 로마에게 결코 우호적이지 않았다. 로마를 체계적으로 배제했기 때문이다. 이 때문에 로마의 문해율은 체코 사회의 다른 구성원보다 훨씬 낮게 되었고, 그 결과 교육의 기회가 대폭 줄어들었다. 로마 어린이는 대개 학교에서 배척당하거나 따돌림을 받는다. 그것도 부모가 학교를 보냈을 때의 이야기이고, 대부분은 자녀를 학교에 보내지 않는다.

사회주의 시기에 로마는 많은 끔찍한 사회 정책의 대상이 되었다. 그중 하나가 수많은 로마 여성의 강제 불임 수술이었다. 오늘날까지도 이와 관련해서 피해자들은 적절한 보상을 받지 못하고 있다.

로마 공동체의 문해율은 여전히 최저치에 머무르고 있으며 실업률도 전국에서 가장 높다. 체코 사회 전반적으로 로마에 대한 반감이 여전히 강한 탓에 로마는 교육, 주거, 취업 기회에 영향을 받는다.

게다가 로마 내부에서도 충돌이 있다. 다수는 로마의 이미지를 개선하기 위해 진솔하게 노력하는 반면, 일부는 방관하면서 소위 '피해자 코스프레'를 하는 데 만족한다. 이런 상황에서 '로마'와 '집시'라는 용어의 사용도 시사하는 바가 매우 많다. '로마'는 '집시'보다 어감이 훨씬 공식적이며 더욱 존중하는 표현으로 사용된다.

로마와 나머지 체코 사회 사이의 간극을 메우려면 갈 길이 매우 멀지만, 그렇다고 상황이 절망적인 것만은 아니다. 1990년대 초 이래로 브르노의 로마 문화 박물관Museum of Romani Culture에서는 14세기에 인도 북부에서 유럽으로 건너온 로마 선조의 이야기부터 현재까지의 로마 역사를 매우 잘 설명하고 있다.

체코 사회 속 성 소수자

사회주의의 몰락 이후 체코 사회는 점점 더 성 소수자를 포용하고 있다. 동성 결혼 합법화 토론이 체코 정부에서 진행 중이기는 하나, 많은 여론조사 결과에 따르면 체코 국민의 3/4이 동성 결혼 합법화를 지지한다. 다른 설문 조사에서는 응답자의 대다수가 동성 커플 이웃을 문제로 생각하지 않는다고 답했다.

2019년 초에 발표된 OECD 보고서에 따르면 1981년부터 2000년 사이 대비 2001년부터 2014년 사이 체코의 동성애 수용도는 OECD 평균치를 살짝 밑도는 정도로 발전했다. 전반적인 동성애 수용도를 보면 체코는 OECD 36개 회원국 중 22위를 차지해 아이슬란드, 스웨덴, 네덜란드 등 선두권에서 한참 떨어져 있다. 그렇지만 구 사회주의 국가 중에서는 선도적인 위치에 있다.

체코, 특히 프라하는 유럽의 구 사회주의 국가와 전체 중유럽 국가 중에서도 가장 성 소수자가 살기 좋고 안전한 곳으로 손에 꼽힌다. 동성 결혼을 합법화하는 최초의 구 사회주의 국가가 될 것이라는 예상도 많이 나온다.

2011년부터 매년 8월에 개최되는 프라하 프라이드는 구 사회주의 국가의 프라이드 퍼레이드 중 가장 역사가 길고 규모가 크다. 2000년부터 시작된 메지파트라 퀴어 영화제도 매해 11월 브르노, 프라하 등 체코 전국에서 열린다.

이 모든 것이 매우 긍정적이지만, 현재의 상태가 되기까지 매우 길고 험한 길을 거쳐왔음을 기억해야 한다. 그리고 거의 모든 일이 사회주의 몰락 후에야 이루어졌다.

구 체코슬로바키아에서는 '서구' 국가도 시도하기 전인 1962년에 동성연애를 처벌하던 법 규정을 폐지했다. 그렇지만 성 소수자가 아무런 부정적인 일 없이 사회주의 사회에서 공공연하게 성 소수자로서 살아가기란 불가능했다. StB는 개인의 성적 지향을 빌미로 교육과 고용, 거주의 기회를 심각하게 저해할 수 있었다. 체코에서는 2009년이 되어서야 광범위하고 포괄적인 차별금지법이 성 소수자에게도 적용되었다.

체코 성 소수자 커뮤니티는 주로 프라하에 있지만, 많은 지원 단체가 전국적으로 존재한다. 세계의 다른 많은 곳처럼 농촌보다는 도시에서 성 소수자를 더 잘 받아들이는 편이다.

어떤 사람은 체코 사회가 성 소수자를 받아들인다고 보기에 어려우며 이는 체코인이 타인에 무관심한 경향성이 강한 데서 기인한다고 주장한다. 어느 쪽이든 사회 변화가 진행 중인 것은 확실하다. 성 소수자에 대한 포용성이 체코의 다른 지역으로도 확산하는지는 시간이 지나면 더 분명하게 알 수 있을 것이다.

향수

2018년은 체코슬로바키아 건국 100주년이었다. 이 한 해 동안 전국에서 역사적으로, 그리고 현재 유명한 체코 인물과 제품을 기념하는 전시와 행사가 많이 열렸다. 이때 방영된 다수의 TV 다큐멘터리와 더불어 이런 행사는 체코인이 체코슬로바키아를 자랑스럽게 여기고 그리워한다는 것을 알 수 있다.

많은 체코인은 제1공화국(1918년 체코슬로바키아의 건국부터 1938년 뮌헨 조약 체결, 이후 1939년 독일군 점령기까지의 시기)을 자랑스럽게 여긴다.

이 시기는 실제로도 체코 사회의 황금기였다. 신생 체코슬로바키아는 세계를 향해 빠르게 손을 내밀었고, 성공적으로 국제 사회에 편입되었다. 또한 예술과 산업이 발달한 시기로, 오늘날 체코는 이 시기의 역사를 재조명하는 데 새롭게 관심을 보인다.

체코가 기술과 관련하여 세계적으로 기여를 많이 한 덕분에 체코에는 크고 작은 기술 관련 박물관과 기념관이 많으며 체코인과 체코 기업이 생산한 제품과 발명품을 전시한다.

그리고 많은 체코인은 빈티지 자동차의 팬이며 여전히 운행이 가능한 아에로, 자바, 프라가, 스코다, 타트라, 벨로렉스, 즈브로요브카 등 오래된 체코 브랜드 모델을 보유하고 보여주는 것에 자부심을 느낀다.

국민적 자부심과 애국심

체코에 도착하면 국기가 많이 걸려 있지 않다는 사실을 곧 눈치 채게 될 것이다. 이는 체코인이 애국심이 없어서가 아니라, 정당한 역사적 이유로 그들이 갖는 국민적 자부심을 국기나 다른 상징으로 표현하지 않을 뿐이다.

체코의 도시를 거닐다 보면 상업용이든 주거용이든 건물 외벽에 평평한 판에 위를 향한 한 쌍의 관이 부착된 철제 구조물을 볼 수 있다. 이는 국기 게양대로 사회주의 시기의 유산이다. 한쪽 관에는 체코슬로바키아 국기를, 나머지 관에는 구소련 깃발을 게양하게 되어 있었다.

5월 1일처럼 지정된 날에는 건물 외벽에 각각의 깃발을 게양해야 했다. 지정일에 깃발을 게양하지 않거나 게양된 깃발의 상태가 좋지 않은 경우, 게양대 소유자는 심문을 받거나 좋지 못한 일을 당할 수도 있었다.

이렇게 강제로 국기를 게양해야 했던 시기가 지난 지 얼마 되지 않았기 때문에, 오늘날 체코인이 행복하게 깃발을 흔들어 대지 않는 것도 당연하다. 명백한 예외가 있다면 국제 스포츠 이벤트가 있을 때이다. 이때는 스포츠팬들이 국가를 상징하는 색상을 활용해 열광적으로 응원한다.

체코 국민이 갖는 자부심의 근원은 체코인이 거둔 위대한 업적과 체코 영토의 특성 그 자체이다. 체코인에게 무엇이 애국심을 자아내냐고 물어보면 십중팔구 유명한 체코인이나 발명품, 혹은 이 작은 나라에서 얼마나 볼 것과 할 것이 많은지 등을 말할 것이다.

많은 체코인은 자신의 중유럽 정체성을 '양쪽 세계의 장점만 모은 것'이라고 규정한다. 체코인은 독일인 같은 정확성, 실용성, 꼼꼼함이 있으면서도 슬라브족의 유연성으로 임기응변에 능하다는 것이다. 완전히 '서구적'이지도, '동양적'이지도 않은 문화를 지닌 체코에서 체코인 대부분은 유로화를 채택하라는 압박이 거세지는 가운데 국가 주권의 마지막 보루로 여기는 자국 통화인 코루나를 유지하는 것에서도 자부심을 느낀다.

슈베이크 대 치믈만

제1차 세계 대전을 배경으로 합스부르크 제국을 풍자한 《용감한 병사 슈베이크The Good Soldier Švejk》(국내 미발간)는 야로슬라프 하셰크의 연작 소설이다. 이 소설은 체코 문학의 고전으로 여겨지며 60개 이상의 언어로 번역되어 체코 문학 작품 중 가장 많이 번역된 작품이기도 하다. 하셰크가 1923년에 사망하면서 슈베이크의 이야기는 작가의 친구인 카렐 바네크가 뒤를 이어 완결했다.

제목과 같은 이름의 체코 영웅이 주인공인 이 소설의 핵심은 주인공이 만나는 다양한 지배층 인물을 멍청하거나 무능력한 사람으로 그리는 것이다. 슈베이크 자신도 얼간이 같은 인상을 풍긴다. 얼핏 보면 술고래에 꾀병을 부리는 듯하다. 그렇지만 지배층 인물보다 더 나은 능력을 보여주는 것을 보면 그의 겉모습이 단순한 위장일 뿐일 수 있다는 일말의 의구심을 늘 남긴다. 슈베이크는 과연 엄청난 얼간이인지 머리가 비상한 인물인지 독자가 고민하게 만드는 유형의 인물이다.

슈베이크 이야기는 오랜 기간 찬사를 받았고 체코 학교에서 필수 도서로 지정되었다. 그렇지만 체코인, 특히 젊은 세대중에서 이 소설을 한 번도 읽지 않았고 주인공에 공감하지 못한다고 말하는 사람이 많다.

슈베이크는 시대의 산물이다. 많은 사람이 슈베이크를 현대 체코인과 그들의 가치관을 반영한다기보다 작가를 투영한 인물이라고 생각한다. 실제로 야로슬라프 하셰크의 보헤미안식 삶의 방식을 살펴보면 술을 많이 마시고 무정부주의적 관점을 가졌다. 이를 보면 슈베이크는 작가 자신의 모습을 많이 본뜬 것으로 보인다.

체코 만화책 전통을 확립한 작가 중 한 사람인 요세프 라다가 그린 슈베이크

체코를 다룬 많은 책에서 체코를 '슈베이크의 나라'라고 설명한다. 그러나 체코에 아주 짧게라도 머문 사람이라면 오늘날의 체코가 슈베이크와는 전혀 공통점이 없음을 알게 될 것이다.

그러면 외국인이 오늘날 체코를 이해하기 위해 어떤 소설 속 체코 영웅을 살펴봐야 할지 질문이 생길 것이다. 답은 야라 치믈만을 보면 된다.

야라 치믈만은 즈데네크 스베라크, 라디슬라프 스몰야크, 이리 세바네크가 1960년대 후반에 창조한 캐릭터다. 치믈만의 이야기는 19세기 후반과 20세기 초를 배경으로 한다. 슈베이크가 그 시대의 지배층을 풍자했다면, 치믈만은 풍자 대신 체코인의 겸손함과 교육적인 측면을 더욱 반영했다.

치믈만은 1966년에 그의 업적이 우연히 재발견되지 않았더라면 잊혔을 박학다식한 천재로 그려진다. 그의 삶과 위업은 처음에 라디오를 통해 기념되다가 이후 연극 시리즈로 제작된다.

슈베이크와는 달리 치믈만은 끊임없이 배움과 새로운 기술 습득을 추구하는 현대의 만능 교양인이었다. 슈베이크가 체제를 어떻게 교묘히 활용하는지를 떠벌리는 인물이라면, 치믈만은 현대 체코인의 겸손한 삶을 보여주는 인물이다. 자신이 이룬 업적만큼 자랑을 늘어놓지 않는 것이다.

치믈만은 여행을 많이 다녔고 전문 자격도 많이 획득했다. 또한 굴하지 않는 약자(체코인이 국제 사회에서 자신을 규정하는 말이기도 하다)로 다른 사람의 공으로 치부되는 수많은 발명을 해낸 인물이다. 이야기 속에서 치믈만은 다이너마이트를 개발했지만 알프레트 노벨이 특허 사무소에 간발의 차이로 먼저 도착해 특허권을 주장한다. 이런 치믈만의 이야기는 원래 체코가 처음 만들었는데 세계에서 그 사실도 모르고 쓰는 발명품이 많다는 사실을 반영한다.

체코인이 야라 치믈만에 얼마나 공감하는지를 가장 잘 보여주는 것이 바로 2005년에 체코 텔레비전 방송공사에서 벌인 설문 조사다. 방송공사는 대중에게 '가장 위대한 체코인'이 누구라고 생각하는지 물었다. 압도적 다수의 응답자가 치믈만을 1위로 꼽았지만, 방송공사는 치믈만이 가공의 인물이라는 이유로 설문 조사에서 제외했다. 비록 설문 조사에서 제외되기는 했지만, 이 결과는 이런 설문 조사에서도 실제 역사 속 인물보다 소설 주인공을 뽑는 체코인의 유머 감각을 제대로 보여준다.

오랫동안 치믈만의 유머가 체코 특유의 것이라 번역할 수 없고 다른 문화권에서는 이해하기 어려울 것이라 여겨졌다. 그러나 2014년에 문을 연 프라하의 치믈만 영어 극장이 이런 가설을 뒤집었다. 이 영어 극장은 즈데네크 스베라크의 딸과 긴밀하게 협력하여 각본의 번역이 최대한 원작에 충실하게 했다. 2017년에는 미국의 3개 도시에서 성황리에 공연을 마쳤다.

치믈만 연극은 외국인이 체코인의 유머 감각을 이해하기에 좋은 시작점으로 꼽힌다. 또한 '카프카와 몬티 파이튼Monty Python (영국의 희극 그룹-옮긴이)의 만남'이라고 불리기도 한다.

종교

얼핏 보면 체코 사회는 그다지 독실하게 종교를 믿는 것처럼 보이지 않는다. 실제로 기독교의 바다에 둘러싸인 무신론자의 섬이라고 표현하는 사람도 있다. 확연하게 종교적 색채가 강한 주변국은 체코인이 종교에 관해서는 멋대로 한다며 정곡을 찌르기도 한다. 그렇지만 국민적 자부심처럼 종교도 체코인이 겉으로 잘 드러내지 않는 삶의 한 측면일 뿐이다.

체코인은 대체로 교회에 열심히 나가지 않고 종교에 바탕을 둔 비속어를 일상생활에서 가볍게 내뱉는다. 사회 전반의 세속주의는 후스 전쟁(1419~1436년)과 30년 전쟁(1618~1648년)에 그 뿌리를 두지만, 체코 사회에서 종교를 믿는 사람이 전혀 없는 것은 아니다.

일반적으로 종교를 믿는 체코인은 동쪽으로 갈수록 더 많다. 아마 가장 종교적인 지역은 북동부일 것이다. 사회주의 시절 대부분의 북동부 지역은 석탄과 기타 자원을 채굴하기 위한 광산이 많았고, 제철과 다른 중공업 산업의 중심지였다. 위험성이 높은 일이다 보니 이런 직종에 종사하는 사람 중 종교를 믿는 비율은 훨씬 높았다. 사회주의 이후의 시기에 광산과 공장은 대부분 문을 닫았고, 사람들이 직업의 높은 위험성에 대처하기 위해 의지했던 종교는 광산과 공장 폐쇄로 대량 실업 사태를 견디는 힘이 되었다.

2016년 퓨 리서치 센터의 조사에 따르면 체코인 응답자 중 72%가 종교를 믿지 않는다고 답했고, 21%가 다양한 교파의 기독교를 믿는다고 답했다. 종교를 믿는 사람 중에서는 천주교 신자가 가장 많았다. 나머지 7%는 기독교 이외의 종교를 믿는다고 답했다.

03

풍습과 전통

체코인은 축제를 즐긴다. 한해에 이들과 함께 전 세계적인 기념일과 국경일, 지방 행사를 즐길 기회는 차고 넘친다. 신실하게 종교를 믿는 편은 아니지만, 체코 달력을 보면 크리스마스, 부활절 같은 전통적인 기독교 기념일이 눈에 띈다.

체코인은 축제를 즐긴다. 한해에 이들과 함께 전 세계적인 기념일과 국경일, 지방 행사를 즐길 기회는 차고 넘친다. 신실하게 종교를 믿는 편은 아니지만, 체코 달력을 보면 전통적인 기독교 기념일(크리스마스, 부활절, 영명 축일)이 눈에 띈다.

새해

새해 전야 Silvestr는 공휴일이다. 체코식 명칭은 314년부터 335년까지 교황을 지냈던 실베스터 1세가 나중에 성인이 된 것을 기념하는 데서 유래했다. 1500년대 후반에 그레고리력을 도입하면서 이 축성일의 날짜는 12월 31일이 되었다. 원래는 종교적인 의미가 있지만, 새해 전야 축제는 가장 세속적이다.

많은 체코인은 새해를 절제된 자세로 맞이하는 것을 선호한다. 보통 도시나 조금 큰 시내의 중심부는 새해 연휴 기간 텅 비게 된다. 사람들이 교외의 시골집에서 시간을 보내기 때문이다. 어떤 사람은 체코 산맥으로 주말 스키를 즐기러 가거나 아예 다른 나라로 가는 등 멀리 떠나기도 한다.

새해 전야에는 소규모로 친구들과 모임을 하는 것도 일반적이다. 이때 체코라면 어디서나 볼 수 있는 오픈 샌드위치인 흘레비츠키, 크리스마스 때 남은 디저트류 등의 핑거푸드와 지역에서 생산한 보헤미아 젝트 스파클링 와인 한두 병을 대화에 곁들인다.

어떤 사람은 새해를 강렬하게 맞이하기 위해 불꽃놀이를 쏘아 올리기도 한다. 체코에서 불꽃놀이를 금지하지 않고 구매도 쉬워서 새해 전야 거리에서는 술에 취한 사람들이 위험하고 부주의하게 불꽃놀이를 하는 경우가 발생하기도 한다. 술에 취한 당사자와 그 주변의 사람들이 다칠 위험이 크므로 거리에서 떨어져 있는 것이 좋다. 새해 모임에 초대받았다면 본격적인 불꽃놀이가 시작하기 전에 갔다가 불꽃놀이 후 한두 시간 더 있다가 돌아오면 된다.

새해 당일에는 대체로 휴식하며 보낸다. 이날에는 많은 사람이 숙취로 고생하겠지만, 새해에 어떤 일을 하냐가 한 해를 어떻게 보낼지를 결정한다는 속설이 있다. 따라서 이날 집안일은 절대 하지 않는 편이다.

어떤 사람은 1월 1일에 둥그런 모양의 음식(보통 렌틸콩을 사용한 요리)을 먹는다고 한다. 여기서 원형은 동전을 반영한 것으로, 새해에 금전운이 좋기를 바라는 마음을 표현한다. 많은 체코인은 운이 날아갈 수 있으니 새해 첫날에 닭이나 기타 조류 고기를 먹는 것이 불길하다고 여긴다.

부활절

성금요일과 부활절 월요일은 체코의 국경일로, 가장 종교심이 깊은 사람들을 많이 볼 수 있다. 부활절 전주에는 비기독교, 기독교, 비종교적 전통이 뒤섞여 나타난다. 많은 시내와 도시에 부활절 시장이 서는데, 판매대에서는 부활절 달걀(크라슬리체)과 새 버드나무 가지를 특수하게 꼬아 만든 회초리(포믈라즈카)를 팔기도 한다.

포믈라즈카는 소년과 남성들이 시를 암송하면서 회초리로 여성인 친구와 친척을 가볍게 '때리는' 다소 독특한 전통이다. 답례로 소년은 부활절 달걀이나 사탕류를, 성인 남성은 술을 한 잔 받는다. 이 풍습은 소녀와 여성이 한 해 동안 건강하게 아름다움을 유지하도록 기원하는 것이다. 이방인과 페미니스트의 눈총을 받기도 했지만, 체코인 대부분은 이 전통을 악의 없는 장난으로 여긴다. 그러나 과도하게 힘을 주는 남성 친척 때문에 이날이 두렵다고 하는 여성도 있으며, 도심 지역에서는 예전보다 인기가 시들하다.

그렇지만 어떤 사람은 소녀와 여성들이 복수할 수 있다고 한다. 이날 소년과 남성들이 여성을 때리는 것은 정오까지만 가능하며, 그 이후에는 여성들이 회초리를 들고 복수에 나설 수 있다는 것이다.

슬로바키아의 영향이 두드러지는 동쪽 지역에서는 버드나무 회초리 전통은 소녀와 여성에게 물을 뿌리는 것으로 바뀌었다. 이때 물은 얼음장처럼 차갑거나 강한 향이 가미되어 있는 경우가 많다.

부활절 전 목요일(세족 목요일)에 체코의 펍에서는 녹색 맥주와 채소 비율이 평소보다 월등히 높은 음식을 낸다. 전통적으

• 전통 지키기 •

어떤 젊은 남성은 과도하게 행동했던 어린 시절을 회상하며 다음과 같이 말했다. "어렸을 때 누나를 너무 세게 때렸던 적이 있습니다. 누나는 점심을 먹고 나

서 회초리의 손잡이로 엄청나게 세게 저를 때렸죠! 머리에 난 혹이 일주일 동안 가시지 않았고, 그 이후로 부활절에는 언제나 조심하게 되었습니다."

내가 이 풍습에 참여한 것은 딱 한 번이었다. 2005년 성금요일에 여자친구가 포믈라즈카와 사탕류 한 봉지를 들고 온 것이다. 여자친구는 나에게 단정하게 꼬아진 회초리와 체코어로 이해하기 힘든 말이 쓰인 종이 한 장을 건네주며 "월요일에 이 종이에 적힌 시를 암송하면서 회초리로 나를 때리면 내가 사탕을 줄게."라고 말했다. 당연히 나는 어안이 벙벙했고 이게 농담은 아닌가 의심했다. 그렇지만 여자친구의 표정을 보니 진심이었다.

부활절 월요일에 한 손에는 회초리를, 다른 손에는 시를 든 나는 여자친구를 살살 '때렸다'. 체코어로 된 시를 형편없는 실력으로 암송하는 것을 보고 깔깔대던 여자친구는 나에게 사탕을 주었다. 이 모든 것이 너무 이상했다.

그런데 여자친구는 한술 더 떠서 우리가 아는 친구(여성)가 내가 찾아가서 자신에게 이 행동을 해주기를 기다리고 있다고 말하는 것이 아닌가. 그렇게 포믈라즈카와 시를 들고 그 친구의 집에 가는 길에 다른 남성들이 비슷한 행동을 하는 것을 보았다. 나는 이런 비현실적인 광경이 일종의 페티시즘이 아닌가 하는 생각을 했다.

그 이후로 오늘날의 포믈라즈카는 자녀를 둔 부모가 옛날을 추억하는 방식이라는 점을 알게 되었다. 그리고 이 전통을 전혀 지키지 않는 10대와 젊은 남성도 많이 보았다.

로 이렇게 고기를 먹지 않는 날을 '녹색 목요일'이라고 한다. 그렇지만 녹색 채소를 모두가 좋아하는 것은 아니다. 사람들이 더 좋아하는 녹색 제품인 녹색 맥주를 만든 것은 정말 체코다운 방식으로 문제를 해결한 것이라 하겠다.

크리스마스

체코에서 가장 큰 명절은 크리스마스로 공식적으로는 12월 24일부터 26일까지 쉰다. 그러나 크리스마스 시즌은 이보다 훨씬 먼저 12월 5일 미쿨라쉬(성 니콜라스 전야)에 비공식적으로 시작된다.

미쿨라쉬에는 시내와 도시 거리가 천사, 악마, 성 니콜라스로 분장한 사람들로 북적인다. 이렇게 3인 1조로 분장한 사람들이 집마다 방문하며 아이들을 만나는 것이 전통이다. 모든 체코 어린이는 한 해 동안 나쁜 어린이였으면 악마가 자기를 자루에 넣어 간다고 알고 있다. 그러면 천사는 악마로부터 어린이를 보호하고, 성 니콜라스는 아이들이 노래를 부르거나 시를 암송하도록 하고 대신 선물을 준다.

성인에게 미쿨라쉬의 기억을 물으면 대부분이 12월 5일이 어린 시절에 가장 스트레스 받는 날이었다고 답할 것이다. '최고'의 악마는 얼굴이 온통 새까맣고 머리 모양은 사나우며 뿔, 꼬리가 달리고 사슬이 달린 자루를 지고 있어 정말 무섭게 생겼다. 어린아이들이 보면 특히나 더 그럴 것이다. 이렇게 자루를 든 악마가 나쁜 어린이를 지옥으로 잡아간다는 이야기가 어렸을 때부터 뇌리에 새겨진다.

이런 방식은 북미에서는 잘 통하지 않지만, 체코에서는 크리스마스 시즌의 시작을 알리는 방법으로 사람들이 많이 기대한다. 외부의 관찰자나 외신에서 악마가 아이들을 놀라게 하는 것은 적극적으로 보여주면서도 천사나 성 니콜라스는 거의 보여주지 않아 전 세계에 이 전통이 제대로 알려지지 못했다.

크리스마스가 다가오면 그에 따른 여러 전통도 함께 시작된다. 다양한 종류의 크리스마스 쿠키를 대량으로 굽는 일은 많은 가정에서 빠지지 않으며, 가족 중에 제빵을 할 수 있는 사람들은 일찌감치 이 자그마한 걸작을 빚어내기 위한 준비를 시작한다. 크리스마스 몇 주 전에 '숙성'되도록 하는 것이다. 바삭한 아몬드 맛 초승달 쿠키부터 정교하게 만든 마지팬 벌집까지, 체코 가정에서 내놓는 쿠키는 혀를 내두를 정도이며

프라하 구시가지 광장에 고딕 양식의 틴 교회 첨탑 아래로 크리스마스 시장이 선 모습

맛도 좋다. 그렇지만 방문객이 살 수 있는 쿠키는 몇 종류 되지 않는 아주 일반적인 모양뿐이다. 쿠키를 만드는 데 수작업이 필요해서 대량 생산에는 적합하지 않기 때문이다. 대신 쿠키를 대량으로 만들 시간과 기술, 재료가 충분한 개인이 크리스마스에 쿠키 사업을 많이 벌인다. 많은 사람은 재주와 능력이 있는 지인에게 기꺼이 돈을 내고 크리스마스 쿠키를 부탁하기도 한다. 소규모 빵집이나 제과점은 크리스마스 쿠키 주문을 미리 받기도 한다.

크리스마스 일주일 전쯤에는 광장과 분주한 거리에 상록수로 만든 판매대와 커다란 금속 또는 플라스틱 물탱크가 등장해 방문객의 궁금증을 자아낸다. 이 물탱크에는 살아 있는 잉어가 채워지는데, 잉어는 체코의 공식 크리스마스 요리 재료이다. 구매자는 원하는 물고기를 산 채로 사가서 크리스마스이브까지 욕조에 보관할 수 있다. 그렇지만 대다수는 현장에서 물고기를 '기절'시켜 손질까지 해서 가져간다. 내장은 버리지 않고 크리스마스 정찬의 첫 번째 코스인 수프를 만드는 데 사용한다. 잉어는 튀김옷을 입혀 튀겨서 감자샐러드와 함께 내는 것이 전통이다. 물고기를 먹지 않는 사람은 닭고기 뤼젝(비엔나 슈니첼처럼 겉에 빵가루를 입혀 조리된 닭가슴살 튀김)이나 특별한 롤 소시지를 먹을 수 있다.

크리스마스 요리로 잉어가 가장 확실한 선택지는 아닌 것처럼 보일 수 있다. 그러나 잉어 요리를 내는 이유가 농민을 비롯한 모든 사람이 '메인' 요리로 삼을 수 있을 만큼 저렴하기 때문이라는 설에 많은 사람이 동의한다. 폴란드와 독일에서도 잉어가 크리스마스 전통 요리 재료로 쓰인다. 수 세기 동안 체코, 그중에서도 특히 남보헤미아 주 트르제본 지역은 잉어 양식 산업이 크게 발달했다.

체코 가정에서는 12월 24일에 크리스마스 선물을 교환하는데, 이날은 전통적으로 크리스마스 정찬을 즐기는 날이기도 하다. 크리스마스면 빼놓을 수 없는 크리스마스트리는 늦어도 크리스마스이브 아침까지 장식을 마친다. 크리스마스 정찬 후에는 작은 종을 울려 예지쉑('아기 예수'를 의미하며 체코의 산타클로스에 해당하지만, 종교적 인물은 아님)이 도착했음을 알린다. 그러면 어린이들은 크리스마스트리로 가서 선물을 열어본다. 산타클로스와 다른 전통적인 크리스마스 선물 배달부와는 달리 예지쉑의 이미지는 정립된 것이 없다.

크리스마스는 매우 사적인 가족 명절로, 체코에 처음 방문한 사람이 이런 가족 파티에 초대되는 일은 드물다. 그렇지만 여러 도시에 세워진 크리스마스 시장을 돌아보거나 식당에서 크리스마스 잉어kapr 요리를 맛보고 교회 예배를 보는 것으로 체코의 크리스마스 분위기를 느낄 수 있다.

크리스마스이브, 크리스마스 당일, 그리고 크리스마스 다음 날(성 스테파노 축일)은 공휴일로 대부분 기업과 모든 정부 기관이 문을 닫는다. 크리스마스 연휴가 3일이고 새해(1월 1일)도 공휴일이라 어떤 기업은 크리스마스부터 새해까지 쉰다. 설사 문을 연다고 해도 직원 수를 최소화하는 경우가 많다.

국경일

새해, 부활절, 크리스마스가 체코의 3대 명절이고, 이외에도 7개의 공휴일이 더 있다. 체코인 대다수는 이 공휴일을 그저 직장이나 학교를 하루 쉬는 즐거운 날로만 여긴다. 공휴일이 주말이면 인접한 금요일이나 월요일을 대체공휴일로 지정해 쉰다.

이날은 노동자를 위한 기념일이며 노동절이라고도 한다. 사회주의 시절에는 대규모로 기념하는 날이었지만, 지금은 그저 하루 일을 쉬는 정도로 넘어간다. 현대 체코에서는 5월 1일을 연인을 위한 날로 여기며 봄날에 연인들이 나무(체리 나무가 이상적이지만 사과나무나 자작나무도 가능) 아래에서 키스하는 것이 의례적이다.

메이데이 바로 전날인 4월 30일 저녁에는 마녀 불태우기 Páleni čarodějnic 축제가 있다. 이날은 비기독교 전통에 뿌리를 두고 있으며, 겨울과 작별하고 봄을 맞이하는 행사로 여러 유럽 국가에서 찾아볼 수 있다. 이와 비슷하게 비슬라브어권 유럽 국가에서 진행되는 축제는 발푸르기스의 밤이다.

전통적으로 4월 30일 밤은 악마와 마녀의 힘이 가장 강해지는 시기로, 사람들은 한데 모여 마녀 인형을 태우며 그 불로 진짜 마녀로부터 자신을 보호하고자 했다.

마녀 불태우기 축제는 공휴일이 아니며 마을 단위로 많은 사람이 모이거나 지인들끼리 조촐하게 모여 불로 소시지를 굽고 먹고 마시며 즐기는 날이다. 이 축제의 절정은 커다란 장작불에 마녀 인형을 태우는 것이다.

제2차 세계 대전 종식과 연합군에 의한 체코슬로바키아 해방을 기념하는 날로, 여러 유럽 국가에서도 이날을 기념한다. 이날에는 전국적으로 헌화식이 진행되며 프라하에서 군대의 퍼레이드가 펼쳐진다.

플젠은 패튼 장군 휘하의 미군이 플젠을 해방한 것을 재연하는 등 해방기념일 수일 전부터 연례 축제를 열어 이날을 성대하게 기념한다. 또한 역사 속 군용차량을 복원하고 여기에 연합군 군복을 입은 재연배우를 태워 퍼레이드를 한다.

성 치릴로와 메토디오가 대모라비아 왕국에 기독교를 전파한 것과 최초의 슬라브어 알파벳 창제, 고대슬라브어로 성경과 기타 교회 문헌의 번역을 기념하는 날이다.

기독교를 믿는 많은 사람이 남동부에 있는 벨레흐라트의 바실리카로 순례를 한다. 벨레흐라트는 대모라비아 왕국의 중심지로, 치릴로와 메토디오가 작업했던 곳이며 체코에서 가장 중요한 순례지다.

【 7월 6일 — 얀 후스의 날 】

얀 후스의 삶과 죽음을 기리는 날이다(1장 34페이지 참조).

【 9월 28일 — 국경절/성 바츨라프의 날 】

세속적이면서도 종교적인 기념일인 9월 28일은 체코의 수호성인 성 바츨라프와 프레미슬 왕조 강화와 체코의 국가 기반을 마련한 그의 업적을 기리는 날이다.

【 10월 28일 — 독립기념일 】

1918년에 체코슬로바키아 건국을 기념하는 날이다.

【 11월 2일 — 모든 영혼의 날 】

공휴일은 아니지만 많은 체코인이 11월 2일을 추모의 날(이전에는 교회 달력에서 죽은 자의 날로 불림)로 삼고 기념한다. 지금은 종교적 의미가 거의 없지만, 사람들은 가족이나 친지의 묘지를 찾아가 특별한 촛대에 초를 밝힌다. 체코의 묘지는 1년 내내 외관을 아름답게 유지한다.

이날은 압제에 맞선 두 개의 학생 시위를 기념한다. 첫 번째 시위는 1939년 11월 17일에 한 체코 학생이 점령군에 반대하다가 독일군에 의해 사망한 사건에 반발하여 독일군 점령을 반대하는 시위가 벌어졌다. 당시 시위에 참여했던 학생 천 명 이상이 수용소로 끌려갔고, 독일은 이후 3년간 체코의 고등교육기관을 폐쇄했다.

　1939년 시위가 있은 지 50년만인 1989년 11월 17일에 체코 학생들은 사회주의 정권을 반대하며 또다시 압제에 맞서 일어섰고 벨벳 혁명이 시작되었다.

지역, 계절, 개인 기념일

국경일 외에도 수많은 지역 축제가 있다. 보통 이런 날은 휴일로 지정되지 않으므로 주말에 행사가 치러진다.

【 유명한 전투 】

브르노에서 볼 수 있는 지역 전통은 교회 종이 매일 오전 11시에 정오를 알린다는 점이다. 이 풍습은 30년 전쟁(1618~1648년)을 떠올리게 한다. 당시 브르노는 스웨덴 군대의 포위 공격을 받고 있었고, 전설에 따르면 스웨덴군을 이끌던 장군이 만약 자신이 1645년 8월 15일 정오까지 브르노를 함락시키지 못하면 물러가겠다고 했다고 한다. 8월 15일이 되자 도시를 수호하던 사람들은 스웨덴군의 수에 밀려 패배에 직면했는데, 어느 머리 좋은 수도사가 정오를 알리는 교회의 종을 한 시간 일찍 울렸다. 약속했던 대로 스웨덴 장군은 공격을 멈추었고 브르노는 자유를 유지할 수 있었다. 매해 8월 브르노의 날에 이를 기념하며 당시의 복장을 갖춰 입고 공성전을 재연한다.

1805년 아우스터리츠에서 나폴레옹 1세가 러시아와 오스트리아 연합군을 격파했던 역사적인 전투도 매년 재연될 정도로 인기가 있다. 매년 11월 말에서 12월 초에 브르노 남동쪽에 있는 슬라브코프 우 브르나(이전 아우스터리츠) 인근에서 이 전투를 기념하는 다양한 행사가 열린다. 슬라브코프와 브르노 사이의 프라체의 전사자 추모기념비에서 거행되는 추모식 이후 벌어지는 전투 재연이 핵심적인 행사이다. 고고학자들은 이 지역에서 벌어진 전투에서 사망한 사람의 유해를 지금도 발견할 때가 있다. 그래서 추모기념비에서 추모식을 진행할 때

즈노이모와 수호흐르들리에서 벌어진 1809년 나폴레옹 1세의 전투 재연 장면

전투지에서 최근 발견된 유해를 기념비 지하에 매장하는 절차
가 포함되기도 한다.

【 수확제 】

작은 남모라비아 주 와인 생산지 전역에서는 9월과 10월에 크
고 작은 와인 축제vinobraní가 개최되어 인기가 높다. 그중에서 미
쿨로프와 즈노이모 축제가 가장 유명하다. 이 지역의 와인 생
산자는 저마다 와인 시음 및 판매대를 설치하고, 다른 참가자

는 와인에 곁들일 고기와 치즈를 판매한다.

와인 축제에서 가장 인기 있는 음료는 부르착이라고 하는 '미숙성 와인'이다. 기본적으로는 아직 숙성 단계에 있는 와인으로, 마시고 나서도 발효가 진행된다. 좋은 부르착은 색상이 연하고 약간의 탄산이 있으며 마시면 상큼한 느낌이다. 그렇다고 포도 주스처럼 벌컥벌컥 마시면 다음 날 아침에 숙취로 고생할 수 있다. 또한 와인 축제 기간에는 품질이 좋지 않거나 가짜 부르착도 많으니 공식 축제 회장에서 인증된 와인 생산자의 제품을 사는 것이 좋다.

와인 축제 시즌은 보통 11월 11일 성 마르티누스 축일에 끝난다. 이날은 전통적으로 첫눈이 오는 날로 그해 수확한 포도로 빚은 햇와인을 맛본다. 첫눈이 그렇게 빨리 내리는 지역이 많지 않기 때문에, 이날과 관련하여 눈이 올 것을 나타내는 "마르티누스가 백마를 타고 온다 Martin přijíždí na bílém koni"는 속담이 있다.

성 마르티누스 축일은 와인 생산지 곳곳에서 오전 11시에 일제히 햇와인의 병을 따는 것으로 시작한다. 성 마르티누스 축일 공식 인증 와인의 마크에는 빨간색 원형 라벨에 백마를 탄 성자의 모습이 그려져 있다.

성 마르티누스 축일은 풍성한 수확을 기념하는 만찬이 있다는 점에서 추수감사절과도 유사하다. 보통 만찬에서는 오븐에 구운 거위를 먹는데, 오리로 대신하기도 한다. 많은 식당에서는 축일 일주일 전부터 성 마르티누스 축일 기념 특별 메뉴를 내놓는다.

【 남동부 지역의 특별한 축제 】

동쪽 끝의 슬로바키아와 인접한 슬로바츠코에는 이즈다 크랄루라는 '왕들의 기마행렬' 축제가 있다. 이 축제는 1800년대부터 원형이 크게 변형되지 않은 채로 계속되었고, 2011년에 유네스코 무형문화유산으로 등재되었다. 오순절에 진행되는 이 축제는 블치노프 마을에서는 매년, 스코로니체 마을과 쿨크시, 쿠노비체시에서는 이보다 적은 빈도수로 열린다.

이 행사는 대개 10대 중반에서 20대 중반의 젊은 남성들이 전통 의례복을 입고 말을 타거나 도보로 행진하는 것이 핵심이다. 여성용 의례복을 입고 입에는 장미를 문 열 살에서 열다섯 살 사이의 어린 소년이 '왕'의 역할을 하며 대열 가운데에서 말을 탄다. '왕'은 마찬가지로 여성용 의례복을 입었으나 칼을 빼든 시동 두 명의 호위를 받는다. 나머지 참가자는 남성용

왕들의 기마행렬에서 왕의 일행 중 기마대의 모습

의례복을 입고 노래하고 관객으로부터 돈을 받거나 관객과 재치 있는 농담을 서로 주고받는다. 저녁때에는 한데 모여 음식을 먹고 춤추며 즐기는 시간을 갖는다.

이 전통의 유래는 알려진 바가 별로 없다. 제2차 세계 대전이 끝나기 전까지는 오순절을 지내는 것과 매우 밀접하게 연관되어 있었지만, 이 축제의 유래가 비기독교적이라는 증거도 있다. 유래가 무엇이든 간에 오늘날에는 공동체의 풍습으로 자리하고 있다.

【 학교가 끝났다! 】

도시에서 봄이면 볼 수 있는 전통은 고등학교 졸업 시험을 보는 고등학생들의 마지막 수업이 끝난 것을 축하하는 마지막 종$^{Poslední\ Zvonění}$이라는 파티이다.

마지막 종 파티는 졸업 시험의 필기시험과 구술시험 사이에 일주일간의 방학이 시작할 때 진행된다. 이 방학은 원래 집에서 공부하는 기간이지만, 많은 학생이 사진전을 준비해 가게 창문에 전시하거나 의상을 갖춰 입고 거리에서 지나가는 사람에게 잔돈을 '기부'해 달라고 부탁한다. 학생들이 시끄럽게 하는 일도 다반사이지만, 대개는 잔돈이 있으면 졸업 파티에 기부해 달라고 매우 정중하게 요청한다.

대부분 체코인은 이런 전통을 대수롭지 않게 여기며 많은 압박감에 시달리는 학생들의 악의 없는 장난으로 본다. 그렇지만 어떤 사람은 이 전통을 골칫거리라고 여겨서 아예 없어졌으면 좋겠다고 생각한다.

【 춤추는 나날 】

고등학생과 관련된 시기별 전통 중에는 겨울 무도회가 있다. 매년 10월부터 12월 사이에 시내와 도시에서 옷을 잘 차려입은 청소년을 흔히 볼 수 있다. 이는 타네츠니(댄스) 전통의 일환이다.

타네츠니는 1830년대부터 매년 체코 청소년이 거치는 통과의례로, 오스트리아-합스부르크 제국 시절의 유산이라고 여겨진다. 학생들은 11월이나 12월에 있을 두 차례의 공식 무도회를 대비하여 댄스 교습을 받는다. 이 전통은 슬로바키아, 폴란드를 비롯하여 오스트리아와 독일 일부 지역에서도 이어지고 있다.

의무적으로 참가해야 하는 것은 아니지만, 이 오래된 전통은 여전히 체코 청소년들의 사랑을 받고 있다.

【 생일과 영명 축일 】

체코의 생일 전통은 다른 유럽이나 북미 지역과 거의 비슷하다. 다만 몇 가지 디테일에서 차이가 있다.

북미인이 보기에는 이상할 수도 있겠지만 보통 생일 당사자가 음식을 제공한다. 식당에서 열리는 체코 사람의 생일 파티에 초대받았다고 해 보자. 그러면 파티 호스트(생일 당사자)가 식사비용을 내는 것이 관례이다. 물론 초청객이 꽃이나 선물 등을 챙겨 가는 것도 좋다. 사무실에서는 생일 당사자가 자신의 생일 케이크를 가져와 다른 직원과 함께 나눠 먹는다.

생일 파티를 할 때 어디에서 얼마나 큰 규모로 할지는 전적으로 생일 당사자의 의지에 달렸다.

영명 축일svátky은 이런 기념일이 없는 국가에서 온 사람이라면 다소 헷갈릴 수 있는 풍습이다. 체코 달력에는 날마다 남성과 여성의 이름이 지정되어 있어서 자기 이름에 해당하는 날짜가 그 사람의 영명 축일이 된다. 어떤 플로리스트는 간판에 영명 축일을 눈에 띄게 써 놓기도 하고, 일간지나 웹사이트에 영명 축일 정보를 표시하기도 한다.

대개 영명 축일은 대수롭지 않게 지나간다. 기껏해야 동료로부터 악수와 함께 덕담을 듣거나 친한 친구나 가족에게 와인이나 꽃 같은 작은 선물을 받는 정도다. 누군가의 영명 축일에 무엇을 꼭 해야 한다는 법칙이 있는 것도 아니어서, 아무것도 하지 않고 넘어가는 경우도 허다하다. 대신 꽃을 선물할 때는 꽃다발에 있는 꽃의 수가 홀수여야 한다는 점만 기억하자. 짝수는 장례식이나 슬픈 일에나 쓰이기 때문이다.

04

친구 사귀기

체코인은 '친구'라는 단어를 가볍게 사용하지 않는다. 이는 누구도 믿지 못하던 사회주의 시대의 잔재일 수 있으나, 이런 시대를 기억하지 못하는 체코의 젊은 세대도 누군가를 '친구'라고 부르기까지는 꽤 오래 걸리는 편이다. 그렇지만 체코인은 친구가 되면 좋을 때만 친구인 척할 확률이 낮다는 장점이 있다. 이들은 한밤중에 긴급 상황이 생겼을 때 전화로 도움을 요청해도 기꺼이 받아주고 펍에서 '너무 많이' 마셨을 때 집에 바래다주는 친구이다.

며칠간 짧은 일정으로 체코에 오는 방문자가 체코인 친구를 사귀기란 불가능에 가깝다. 그보다 더 오랜 기간 머물거나 직장 생활을 한다면 체코인 친구 사귀기가 조금 더 수월할 수 있다. 친구를 사귈 목적으로 체코에 왔다면 일반 관광객보다는 노력을 더 많이 기울여야 하겠지만, 충분히 그럴만한 가치가 있다.

앞에서 살펴본 것처럼 체코인은 '친구'라는 단어를 가볍게 사용하지 않는다. 이는 누구도 믿지 못하던 사회주의 시대의 잔재일 수 있으나, 이런 시대를 기억하지 못하는 체코의 젊은 세대도 누군가를 '친구'라고 부르기까지는 꽤 오래 걸리는 편이다. 그렇지만 체코인은 친구가 되면 좋을 때만 친구인 척할 확률이 낮다는 장점이 있다. 이들은 한밤중에 긴급 상황이 생겼을 때 전화로 도움을 요청해도 기꺼이 받아주고 펍에서 '너무 많이' 마셨을 때 집에 바래다주는 친구이다.

체코인이 친구를 사귀는 방식은 다른 사람과 다를 바 없다. 고향, 학교, 대학 등에서 만나거나 공통의 관심사를 통해 가까워진다. 직장에서 친구가 되는 일은 시간이 더 오래 걸리는데, 직장에서는 아무래도 격식을 따지게 되기 때문이다. 그렇지만 직장 동료로 친해지는 경우도 많다.

이런저런 상황이 변하더라도 오랜 기간 우정을 유지하는 것이 보통이며, 고등학교나 그 훨씬 전부터 사귄 친구를 여전히 소중하게 여기는 사람도 많다. 나라 자체가 작은 덕분에 다른 나라에서보다는 친구를 더 자주 만날 수 있고 교통이 문제가 되는 일은 거의 없다. 이곳에서는 우정을 오래오래 간직하기가 다른 곳보다 훨씬 쉽다.

친구끼리 모일 때는 보통 누군가의 별장chata 으로 함께 주말 여행을 가거나 식당에서 모인다. 체코인과 친구가 되거나 친한 체코인끼리 모인 무리에서 친구로 인정받으면 그들의 다정함과 위트를 느끼게 될 것이다. 그렇지만 체코인의 인간관계의 기간과 배경을 감안하면 그렇게 되기까지의 여정이 그리 쉽지만은 않다.

대화 나누기

체코에서는 합석이 일반적이라고 해도 평범한 체코인을 바, 식당, 클럽 등에서 만나 사귀기란 어려울 수 있다. 체코에서는 낯선 사람과 대화를 하는 것에 익숙한 편이 아니다. 그렇지만 대화의 물꼬를 틀 수 있는 몇 가지 방법이 있다.

다른 나라에서도 마찬가지이지만, 자기 혼자이거나 일행이 소규모일 때 낯선 사람과 이야기를 시작하기가 조금 더 쉽다. (혼자 여행하는 싱글 여성이라면 상식적인 수준에서 접근하도록 한다.) 많은 사람이 외국어로 이야기하는 무리만큼 위협적인 것도 없다. 특히 북미인은 목소리도 커서 더 위협적이다. 그러니 체코인과 대화를 시도하려면 일행의 규모는 작게 하고, 목소리 크기도 낮추도록 한다.

체코어를 조금 배워두는 것도 쓸모가 있다. 체코인들은 모국어에 대한 자부심이 높으므로 외국인이 체코어로 말하려 노력하는 것을 보면 매우 좋아한다. 체코어로 도움을 요청하는 것도 대화를 시작하는 좋은 방법이다. 체코인은 체코어를 배우기가 얼마나 힘든지 잘 알기 때문에, 체코어로 말하려는 외국인을 보면 금방 마음의 문을 연다.

또 다른 방법은 맥주, NHL 하키 선수, 스코다 자동차 외에도 체코가 세계에 기여한 바에 관한 지식이 있음을 보여주는 것이다. 체코인은 체코의 업적에 관해 피상적인 수준을 넘는 지식을 아는 외국인에게 매우 우호적이다. 소프트 콘택트렌즈가 체코인(정확하게는 오토 비흐테를레 박사)이 발명한 점이라는 사실을 언급해 보자. 체코인들의 눈빛이 달라지는 게 바로 느껴질 것이다.

체코인 또는 체코인 무리와 대화를 하면 주제가 굉장히 다양하고 심층적이다. 체코인은 교육 수준과 문해율이 상당히 높으며, 다른 나라에서는 너무 논란이 될 수 있는 정치나 종교에 관해서도 거리낌 없이 자신의 의견을 피력한다. 따라서 이들은 상대방이 자신의 의견을 말하리라 기대하고 또 기꺼이 그 의견을 듣는다. 다만 자신이 그렇게 의견을 이야기했을 때 더 깊이 들어가는 질문을 받을 수 있음에 유의해야 한다.

체코인 대다수는 방문객이 체코를 어떻게 생각하는지 알고 싶어 한다. 특히 방문객의 나라와 비교해 체코를 어떻게 생각하는지 궁금해한다. "체코에는 왜 왔고, 체코 국민과 나라가 어떻다고 생각하나요?"라는 질문을 종종 받게 된다. 그러니 즉흥적으로 대답하기보다는 미리 답을 생각해 두는 것이 좋다. 체코인은 보통 대화 중에 자기가 한 질문에 상대방이 생각할 시간을 충분히 주므로 질문을 받으면 즉시 대답해야 한다는 부담은 느끼지 않아도 된다. 일반적으로 체코인과의 대화 주제에서 금기시되는 것은 거의 없다. 그렇지만 세심하게 주의를 기울여야 하는 주제는 있다.

예를 들어 바츨라프 하벨은 국제 사회에서 대체로 이미지가 좋지만, 모든 체코인이 그를 긍정적으로 평가하는 것은 아니다. 대다수가 그를 높이 평가하지만, 체코의 유명 브랜드를 외국 기업에 팔아버린 사람으로 보는 시선도 있다. 물론 1990년대 초 민주주의와 자유시장경제로 전환하는 취약한 시기에 그런 전통 있는 체코 브랜드가 외국계 기업으로 인수되지 않았더라면 역사책의 한 줄로만 기억되었으리라는 점도 있지만 말이다. 또 어떤 사람은 하벨이 대통령을 너무 오래 했고 설교하는 경향이 심하다고 생각한다. 하벨의 이름을 입에 담는 순간 체코인의 화난 얼굴과 퉁명스러운 대답에 직면할 수 있으니 주의하자.

또한 자신의 나라보다 체코의 물가가 훨씬 싸다고 이야기하는 것은 좋은 방법이 아니다. 요즘에는 과거 한 10년 전보다 물가가 많이 올라 그런 이야기를 할 수 없게 되었지만 말이다.

체코나 체코 문화를 비판하는 것에도 조심해야 한다. 그런 비판에 체코인이 화를 내는 일도 거의 없고 자국의 단점을 거침없이 이야기하는 편이지만, 방문객이 지나치게 비판하는 것은 보기 좋지 않다. 가게 점원의 불친절한 모습에 심하게 문화 충격을 받았다면, 식당에서 함께 이야기를 나누는 친절한 체코인에게 불평하지 말고 이메일로 친구에게 불평하도록 하자.

'VY'에서 'TY'로

체코인이 어떻게 사회생활을 하는지 이해하는 것은 매우 중요하다. 북미인이라면 일반적인 자리에서도 격식을 따지는 것이 헷갈리고 어렵기까지 할 수도 있다. 그렇지만 그런 거리감을 유지하는 일은 필수이다. 그렇지 않으면 감정을 상하게 할 수도 있기 때문이다.

다른 언어에서도 그렇지만 체코어에도 '당신you'을 지칭하는 정중한 표현과 편안한 표현이 따로 있다. 'ty'는 아이, 동물, 친한 친구나 가족을 부를 때 쓰고, 'vy'는 대체로 모든 사람에게 쓴다. 이 차이를 이해하는 것은 언어적 측면보다 문화적 측면에서 훨씬 중요하다.

예를 들어 설명해 보겠다. 같은 아파트에서 복도를 사이에 두고 50년 넘게 이웃으로 산 노년의 여성 두 명이 있다. 이 두 사람은 정부가 무너지는 일, 아이들이 커가는 모습, 배우자가 세상을 떠나는 일을 겪었다. 그리고 매일 복도와 우편함에서 마주친다. 그렇다면 이 두 사람은 서로를 어떻게 부를까? 정중하게 vy를 사용하고 성으로 부른다(예 : Paní[Mrs.] Novakova). 두 사람 간에 어느 정도의 친밀감이 있다고 하더라도, 서로를 친구가 아닌 그저 아는 사람으로만 생각한다. 따라서 두 여성은 서로 편하게 ty를 사용할 수가 없다. ty를 쓰면 오히려 당혹스러워할 것이고 불쾌하게까지 느낄 수 있다.

직장에서도 마찬가지이다. 같이 일을 오래 한 동료라고 해도 거의 예외 없이 vy와 성으로 상대방을 부른다. 젊은 직원이나 업무 외적으로도 만나 어울리는 사이라면 편하게 ty를 사용하기도 하지만, 극소수를 제외하고 그렇게 편하게 대하는 일은 극히 드물다. (직장 내 위계질서, 이름, 격식과 관련해서는 219~220페이지에 나와 있다.)

젊은 세대(특히 대학생 나이대)에서는 이 관습이 조금 느슨하게 적용된다. 그냥 얼굴만 아는 사람하고 클럽에 같이 가서 춤을 추면서 Mr. Janáček라든가 Miss Vrbová라고 부르는 사람은 없을 것이니 말이다!

그렇지만 방문객이라면 격식을 차리는 게 안전하다. 사람을 부르는 데 체코어로 vy와 ty를 사용할 일이 거의 없기는 하겠지만, 소개받는 사람의 성을 부르는 것이 좋다. 특히 업무 상황이라면 상식선에서 상대방을 부르도록 한다. 어떤 사람이 자신을 그냥 야나[Jana]라고만 소개했다면, 편하게 이름으로 그 사람을 불러도 괜찮다. 다만 이것은 전적으로 체코인의 의사에 따라야 한다.

이름

'야나'라는 이름과 관련해서 짚고 넘어갈 것이 있다. 체코인은 자신의 실제 체코식 이름이 영어 사용자에게 너무 어렵다고 생각하기 때문에 영어식으로 바꿔 말할 때가 많다. 따라서 어떤 자리에서 자기소개할 때 많은 사람의 이름이 다 제인, 조지, 피터가 될 수도 있다. 그러니 체코식 이름을 물어보는 것도 괜찮다.

그리고 특정 이름이 여기저기에서 사용되는 것을 보며 체코에서 사용되는 이름의 종류가 얼마 되지 않는다는 느낌을 받을 수 있다. 실제로도 그런데, 이는 체코에서 이름으로 '사용할 수 있는' 이름이 영어와 비교해서 더 적기 때문이다. 게다가 아이가 태어나면 부모는 아이에게 줄 이름을 '이름 경찰'(정부 기

관)에 제출해야 하고, 여기서 해당 이름이 적합한지를 결정한
다. 덕분에 체코에는 문 유닛이라든가 레인보우와 같이 특이한
이름은 적지만 페트라, 얀, 즈데넥, 파블라 같은 이름이 많다.
체코인은 중간 이름을 사용하지 않으므로 인터넷에서 자기가
원하는 라덱 돌레잘을 찾으려면 시간이 꽤 걸린다.

또한 체코어에서 여성의 성에는 십중팔구 여성형 접미사(예 :
-ová)가 붙는다. 이는 체코어에서는 모든 명사의 남성형, 여성
형, 중성형이 있기 때문이다. 여성 방문객은 자신의 이름이 '체
코식'으로 바뀌는 경험을 할 수 있다, 예를 들어 수잔 존슨^{Susan Johnson}이라면 공식적인 자리에서 Mrs. Johnsonová라고 불릴 것
이다. 체코에서 외국의 유명인사를 이야기할 때도 이 현상이
발생한다. 대표적인 사례가 엠마 왓슨^{Emma Watsonová}, 매들린 올브
라이트^{Madeleine Albrightová}, 앙겔라 메르켈^{Angela Merkelová} 등이다.

【 ová의 퇴출 】

최근까지만 해도 여성은 모든 공식, 법적 상황에서 성에 여성
형 접미사를 붙이는 것이 의무였다. 점점 많은 여성이 일상의
모든 상황에서 그러기를 거부하고 있지만 말이다. 외국인 남성
과 결혼한 체코 여성은 대체로 접미사를 붙이지 않고 있으며,

체코에 거주하는 외국인 여성은 이 관습이 성차별이라며 접미사 추가를 거부한다. 단순히 체코식 이름에 익숙하지 않은 사람을 위해서라는 이유부터 페미니즘적인 이유까지 다양한 이유를 들어 체코의 젊은 여성도 접미사를 사용하지 않는다. 이 논란에 뛰어든 언어학자들은 이 접미사에 성차별은 없으며 문법의 주요 요소인 성별 구분이 체코에서만 발생하는 것도 아니라고 주장했다.

2021년 6월에 체코 여성이 공식 문서에서 자신의 성에 여성형 접미사를 사용하지 않을 수 있게 만드는 법안을 의회가 통과시키면서 이 논란이 정점에 달했다. 2021년 7월 제만 대통령이 해당 법안에 서명했고, 이 법은 2022년부터 효력이 발생한다.

호스포다 즐기기

체코어로 '호스포다'라고 하는 펍은 체코 문화의 심장이라고 할 수 있다. 체코인을 만나보고 싶다면 펍에 가보는 것이 좋다. 연도가 세자릿수였을 때부터 맥주를 만들고 로마 제국 시절부터 와인을 빚은 역사를 가진 나라이니 당연하다. 그리고 가장 작은 마을에도 펍 하나는 꼭 있을 정도다.

체코 펍에 관한 오래된 고정 관념 중 하나가 바로 펍에 담배 연기가 꽉 차서 푸른 안개가 낀 것처럼 보인다는 것이었다. 다행히도 2017년부터 펍, 식당, 기타 공공장소가 금연 구역으로 지정되었다. 그리고 대부분 펍에는 금연 구역이 따로 마련되어 있다.

체코인들과 함께 펍에 갔다면 체코 맥주가 어떻냐는 질문을 받게 될 것이다. 이는 체코인이 외국인에게 많이 하는 질문

나즈드라비! 양조장에서 샘플링한 맥주

으로, '좋은 물건'을 알려줘야 하는지를 알아보기 위함이다. 맥주를 좋아하는 사람에게는 이 질문이 유명한 브랜드 말고도 더 많은 체코 맥주를 알 수 있는 더할 나위 없는 기회이다. 건배할 때 '건배!'에 해당하는 말은 나즈드라비[Na zdraví]('건강을 위하여'라는 뜻)이다.

술을 마시지 않는 사람이라면 조용한 분위기에서 대화를 나눌 수 있는 커피숍이나 찻집이 어디에 있는지 현지인에게 물어보면 된다.

체코 동부에서는 펍 대신 비노테카라고 부르는 와인바에 초대받을 수 있다. 남모라비아 주는 대표적인 와인 생산지로, 이곳에서는 맥주와 와인의 인기가 비등비등하다. 모라비아 사람은 체코인이 맥주를 자랑스러워하는 것만큼이나 와인에 자부심을 느낀다.

모라비아 지역에서 맥주를 마실 때는 잔을 맞부딪히고 잔의 바닥을 코스터 위에 살짝 댔다가 술을 마셔야 한다. 이 관습은 모라비아에서만 통용되며, 맥주에만 적용된다.

또한 여성을 데리고 펍에 가는 남성이 지켜야 할 에티켓이 있다. 바로 입구로 들어갈 때 남성이 먼저 들어가야 한다는 것이다. 이는 펍에서 술잔과 의자를 던지는 일이 발생할 수 있으므로, 남성이 여성을 보호해야 한다는 것에서 유래했다. 이런 에티켓은 주로 펍에만 적용된다. 카페, 식당, 와인바 등에서는 '레이디 퍼스트'를 적용하면 된다.

펍과 카페가 자기 스타일이 아니라면, 대도시 있는 온갖 종류의 라이브 클럽에 가는 것도 좋다. 칵테일바도 많고, 20대와 30대 사이에서는 시샤(물담배) 바가 인기이다.

친분 쌓기

'서구'에서 친분을 쌓을 때 적용되는 대부분의 규범이 체코에서도 적용된다. 대화 시 정치, 종교, 기타 민감한 주제는 피하고, 체코인 동료가 쉬는 시간에 '직장 이야기'를 하기 싫어한다는 점에 놀라지 말자. 잘 모르겠으면 체코인이 대화를 주도하도록 둔다. 그리고 대화를 나눌 때는 상대방과 눈을 마주치는 것이 좋다. 체코인도 개인 공간을 중시하며 잘 모르는 사람과 신체적 접촉을 많이 하는 것을 꺼린다.

체코인은 공공장소에서 사람을 만나는 것을 선호한다. 따라서 정말 그 사람과 친해져서 집이나 다른 사적인 장소에 초대받기 전에는 펍이나 카페에서 만나는 일이 많을 것이다. 이는 친구와 그냥 놀 때도 해당하지만 첫 데이트 시에도 마찬가지이다.

보통 서로 아는 곳으로 만남 장소를 정한다. 예를 들어 브르노에서는 "시계 밑에서 보자."라고 할 수 있다. 특별히 다른 이야기를 한 것이 아니라면, 이는 브르노 시내 체스카 거리의 대중교통 교차로 근처 건물에 있는 유명한 시계를 말하는 것이다. 그리고 편한 모임이더라도 시간은 꼭 지키는 것이 좋다. 10분 이상 늦을 것 같으면 전화나 문자로 미리 알리도록 한다.

구글 지도나 체코의 Mapy.cz 같은 지도 앱을 많이 이용하며, 상대방이 저녁 약속 장소가 표시된 지도 링크를 보내줄 수도 있다. 많은 사람이 지도 앱을 이용하여 저녁에 어디로 갈지 정한다.

데이트 에티켓

사전에 같은 관심사를 가진 사람을 찾을 수 있어 틴더 같은 데이팅 웹사이트가 인기를 끌고 있지만, 아직 전통적인 방식의 데이트로부터 왕좌를 물려받지는 못했다. 체코 사회에서 지켜야 할 데이트 에티켓이 많지는 않다. 한 가지 명심할 것은 외국인이라는 점이 데이트 시장에서 유리하게 작용하지만은 않는다는 사실이다.

잘 꾸미고 시간에 맞춰 약속 장소에 나가도록 하자. 자신이 남성이고 아무 소득 없이 돌아가고 싶지 않다면, 작은 선물을 준비하는 것도 좋다. 꽃을 주는 경우라면 한 송이(장미나 튤립이 일반적)로도 충분하지만, 꼭 홀수로 준비하도록 한다. 짝수는 장례식에만 쓰인다는 것을 기억하자.

자신이 체코 남성과 만나는 여성이라면 상대방이 식권으로 결제한다고 놀라지 않도록 하자. 매우 흔한 일이기 때문이다. 식권은 많은 기업에서 제공하는 직원 복지혜택이다. 반대로 자신이 체코 여성과 연애하는 남성이라면 상대 여성이 자기 몫은 자기가 내겠다고 했을 때 놀랄 필요가 없다. 다만 본인이 먼저 이야기하기 전에는 각자 계산하자는 제안을 하지 않는 것이 좋다. 만약 이런 상황에 부닥친다면 너무 많은 의미를 부여하려고 하지 않아도 된다. 체코인은 돈의 가치를 잘 알고 있고, 검소한 것뿐이다.

앞에서 설명한 것처럼 체코인은 대체로 성적 관계에 관대한 편이다. 혼전 순결을 굳건하게 믿는 사람이라면 체코인과 데이트하는 것이 다소 힘들 수 있다. 그렇다고 첫 데이트부터 성관계를 가질 것이라는 말은 아니다. 다만 연애 관계에서 언젠가는 그런 순간이 올 것이라는 말이다.

연애 관계에서는 최소한 진실하고 현실적이어야 한다. 돈을 마구 뿌려대거나 바람둥이나 디바인 척해도 아무도 알아주지 않을 것이다.

체코인의 집 방문하기

체코인의 집으로 초대를 받는다는 것은 매우 중요한 일이다. 그런 초대를 절대 가볍게 하지 않기 때문이다. 초대를 받았다면 자신이 친구로서 인정받았다고 생각하면 된다. 체코인의 집을 방문할 때 지켜야 할 사항이 몇 가지 있다.

방문 시간이 구체적으로 정해진 경우 제시간에 가도록 한다. 체코인에게 손님을 잘 대접하는 일은 매우 중요하다. 그리고 완성 시간을 예측하기 어려운 요리를 포함해 여러 요리를 준비하고 있을 가능성이 크다. 식사 계획이 없다 하더라도 빈

속으로 가는 것이 좋다. 간식과 핑거푸드가 많이 준비되어 있을 것이기 때문이다. 또한 술도 많이 마시게 될 것도 예상하는 편이 좋다. 술을 안 마시는 사람이라면 정중하게 술을 거절해도 괜찮다. 그런다고 해서 호스트가 기분 상할 일은 없다.

방문할 때 나눠 먹을 음식을 가져가겠다고 하지 않는 것이 좋다. 호스트에 대한 무례로 비춰질 수 있기 때문이다. 그렇다고 빈손으로 가라는 말은 아니다. 꽃(다시 강조하지만 홀수), 와인 한 병, 또는 초콜릿 한 상자 정도면 충분하다. 남성이라면 위스키나 다른 도수가 높은 수입 주류를 가져가는 것도 좋다.

체코인은 열성적으로 집을 가꾸고 집안을 깨끗하게 잘 정돈하는 것을 매우 중요하게 생각한다. 손님이 온다면 그 중요성은 더 높아진다. 체코인의 집에 방문하면 가장 먼저 눈에 띄는 것이 신발을 입구에 벗어두고 근처의 선반에서 다양한 사이즈의 슬리퍼로 갈아신는다는 점이다. 바깥에서 신던 신발을 그대로 집 안으로 신고 들어오는 일은 체코에서는 무례한 일이라 삼가야 한다. 호스트와 그 사람이 사는 집을 존중하지 않는다는 의미이기 때문이다. 배려심 있는 호스트라면 신발을 벗기도 전에 슬리퍼를 내주며 갈아 신으라고 알려줄 것이다.

어떤 사람은 최근 들어 실내에서 신발을 벗는 관습이 이전보다 덜 엄격하다면서 호스트의 재량에 달린 편이라고 말한다. 그렇다고 해도 체코인의 집에 방문한다면 신발을 벗으라는 요청을 받을 수 있음을 기억하는 것이 좋다.

초대에 대한 답례를 꼭 해야 하는 것은 아니지만, 하면 좋다. 방문객으로서 선택지가 많지는 않겠지만 호스트의 집에서 즐겁게 지낸 후에 그 사람에게 한턱내는 것도 아주 좋은 방법이다.

05

일상생활

체코에서 가족은 매우 가깝게 지내고 거의 평생을 서로가 만나기 가까운 거리에 산다. 그리고 대체로 어머니의 입김이 꽤 센 편이다. 가족은 삶에서 가장 핵심적인 사회 단위이고, 체코인은 그 무엇보다 가족의 의무를 중요하게 생각한다.

앞서 설명한 바와 같이 일반적인 관광객은 체코인의 집 안을 구경할 기회가 거의 없다. 장기 체류자 역시 시간이 좀 지나서야 초대를 받는다. 많은 체코인에게 집이란 바깥 세계로부터의 피난처이므로 누군가를 초대할 때는 매우 신중해진다.

집이 피난처 역할을 한다지만, 체코의 가정 역시 사회 경제적 변화의 영향을 받았다. 일상생활은 대체로 전과 같지만, 눈에 띄게 달라진 부분도 있다.

주거환경

어느 정도 규모가 있는 도시를 방문하면 대다수의 체코인이 어디에 사는지 볼 수 있다. 대부분은 1950년대와 1960년대 사이에 프리스트레스 콘크리트(미리 응력을 주어 인장 강도를 증가시킨 콘크리트-옮긴이)로 지어진 대형 공산주의 시대 아파트 단지paneláky에 산다.

시대가 변했고 주택 자가보유율이 높아졌지만, 대부분 체코인은 여전히 이런 아파트에 산다. 많은 아파트 단지의 외관이 공산주의 시절에 지어졌음을 보여주는 브루탈리즘 스타일이기

프라하의 아파트 단지

는 하지만, 겉모습만 보고 판단해서는 안 된다. 거친 콘크리트 외관 대신 내부를 대대적으로 수리하고 현대화했으며, 설비도 제대로 갖춘 아파트가 대부분이다. 어떤 아파트는 밝고 따뜻한 색상으로 외벽을 칠해 외관을 정비하기도 했다.

체코인 대다수는 자기가 사는 아파트를 소유하고 있다. 또한 가지 오해하기 쉬운 점이 바로 공산주의 시절 건물에서 거주하는 일이다. 아파트에는 보통 매우 다양한 유형의 주민이 거주한다. 체코 사회에서 아파트를 소유하고 그곳에 거주한다고 사회적 오명을 뒤집어쓰는 일은 없다.

도시에 양질의 저렴한 주택이 부족한 일은 지난 수년간 점점 큰 문제가 되었다. 국제적인 컨설팅 기업인 딜로이트가 수행한 2018년 연구에 따르면 전체 유럽 국가의 주거비용 대비 체코는 유럽에서 저렴한 주택의 수가 가장 적었다. 체코로 이주하는 인구는 늘었지만 신축 건물이 주거용이라기보다는 대부분 기관이나 상업용이었기 때문이기도 했다. 이렇게 대도시에서 주택이 부족해지자 사람들은 교외의 소도시로 빠져나갔고, 출퇴근하는 생활을 하게 되었다.

체코의 주택 부족에 영향을 미친 다른 요인 중에는 주택담보대출 승인 절차가 오래 걸리고 생활비와 비교해 부동산세가 상대적으로 높다는 점도 있다. 많은 사람이 도시 생활을 접고 땅을 사서 집을 지었다. 그렇지만 여기에도 건축 허가와 기타 필요한 허가를 받기 위해 관공서를 여러 군데 들락날락해야 한다는 나름의 문제가 있다. 숙련된 건축 장인이 부족해서 집을 짓겠다고 하는 사람들은 직접 집 짓는 일에 팔 걷고 나서야 한다. 숙련된 전문가가 투입되기까지는 시간이 오래 걸릴 수 있고, 작업 품질이 의심스러울 수도 있다. 또한 이런 전문가를 부르려면 매우 비싼 돈을 들여야 한다.

체코인의 아파트 설명 방식을 처음 듣거나 체코의 부동산 광고를 이해하려고 하면 외국인으로서는 잘 이해가 가지 않을 수 있다. 일반적으로 체코에서 아파트를 설명할 때 가장 기본적인 용어는 'X+1'이다. X는 거주용 실의 개수이고, 1은 다른 방과 분리된 주방을 뜻한다. 화장실은 방 개수에 포함되지 않는 것이 보통이다. 어떤 체코인이 "우리 집은 3+1입니다."라고 하면 거실 1개와 침실 2개, 별도 주방 1개라고 이해하면 된다. 반면에 어떤 사람이 "1+kk에 살아요."라고 하면 이는 원룸에 작은 주방이 딸린 곳이라고 생각하면 된다.

대부분의 체코 주택에는 'WC'(화장실)가 욕실과 따로 있다. 대개 WC와 욕실은 서로 붙어 있다.

체코 가족

체코에서 가족은 매우 가깝게 지내고 거의 평생을 서로가 만나기 가까운 거리에 산다. 그리고 대체로 어머니의 입김이 꽤 센 편이다. 가족은 삶에서 가장 핵심적인 사회 단위이고, 체코인은 그 무엇보다 가족의 의무를 중요하게 생각한다. 이런 점은 대부분 기업에서 가족 관련 일에 지원을 제공하는 정책을 지원하는 데에도 반영되었다.

또한 체코 법에도 가족의 중요성이 반영되어 있다. 이는 다른 나라보다 상대적으로 출산 휴가와 복지가 관대하다는 것을 보면 알 수 있다. 여성 직원에게는 보통 28주의 유급 출산 휴가(출산일 6~8주 전부터 휴가 사용 가능)가 주어지는데, 이때 각자 표준 임금의 약 70%를 받는다. 출산 휴가가 끝나면 육아 휴직이 시작된다. 육아 휴직은 보통 2년, 3년, 4년 정도를 갈 수 있는데, 이때 고용주는 반드시 해당 여성 직원의 자리를 보장해 원한다면 휴직이 끝나고 복귀할 수 있도록 해야 한다. 육아 휴직에는 매월 지급되는 정부 보조금이 포함된다. 이 보조금 지급액은 휴직 기간에 따라 달라진다.

2018년부터 체코에서는 아빠들도 법적으로 유급 부성 휴가를 쓸 수 있게 되었다. 그전에는 아빠가 신생아 양육을 위해 일을 쉬려면 개인 연차를 사용해야 했다.

지난 10년에서 20년 사이에 아빠의 역할이 눈에 띄게 증가했다. 젊은 아빠가 유모차를 끌고 거리를 걷거나 아이와 함께 통학하는 모습은 이제 흔히 볼 수 있다.

이렇게 가족주의가 강한 것과 혼인율 사이에는 실질적인 연관성이 없다. 사회주의가 무너지고 나서 혼인율은 점점 하락하고 있고, 많은 젊은 커플은 결혼보다 동거를 선택한다. 결혼하는 많은 커플은 이미 첫 아이를 낳은 경우도 많다. 2017년에 체코에서 태어난 신생아 중 거의 절반이 결혼 생활을 하지 않는 부모에게서 태어났다. 그리고 2019년에는 결혼한 커플의 수가 눈에 띄게 늘었다. 이 혼인율 증가가 일시적인지, 아니면 트렌드 자체가 바뀐 것인지는 시간이 지나야 알 수 있을 것이다.

체코 가족은 부모와 1명이나 2명의 자녀로 구성되어 대체로 규모가 작다. 아이들은 어른을 공경하고 학교에서 공부를 열심히 하라는 말을 들으며 자라는 것이 보통이다. 체코에서는 아이가 잘못 행동하거나 학교 성적이 좋지 않을 때 부모가 강압적으로 이야기하는 편이며, 어린이가 어른에게 무례하게 굴거나 오만한 행동을 하는 일은 드물다.

여러 세대가 함께 사는 가구가 많으며 친척과의 관계도 매우 중요시한다. 체코에서는 휴일에 조부모와 다른 친척들과 함께 가족 모임을 하는 모습을 심심치 않게 볼 수 있다.

이렇게 가족 간의 유대가 강하지만, 체코 사회도 다른 선진국과 마찬가지로 고령화와 저출산 문제에 직면하고 있다. 젊은 세대 사이에서 이런 경향은 생활비 증가와 가정을 꾸리는 일보다 커리어를 우선하는 데 따른 것으로 보인다. 체코의 젊은 세대는 그럴 의지가 있는 경우 대체로 30대가 되어서야 결혼하고 가정을 꾸린다.

　인구가 고령화됨에 따라 인구 구조가 점점 눈에 띄게 역삼
각형 모양으로 변하면서 체코의 사회보장제도에 심각한 타격
을 주고 있다. 이에 따라 이민과 사회 서비스와 관련하여 어려
운 선택을 해야 하는 상황이 되었다.

성역할의 변화

사회주의가 무너지기 이전부터도 체코 사회는 맞벌이 가정에
매우 호의적인 태도를 보였지만, 가정에서의 성역할은 최근
10~20년 사이가 되어서야 변했다. 이런 추세는 특히 도심과
교육 수준이 높은 지역에서 가장 두드러진다. 또한 세대 간에
도 큰 차이가 난다.

　성역할에 관한 최근의 설문 조사와 연구 결과에 따르면 대
체로 체코인은 집안일을 똑같이 나눠야 하는 것이 관계에서
힘의 균형을 해친다고 생각하지 않는다. 응답자 절반 이상이
기존의 성역할에 기반을 둔 집안일 분담에 반대한다는 결과가
나온 설문 조사도 있었다.

프라하에서 빨래하는 모습

　대부분 젊은 체코 남성은 요리, 육아, 세탁 등 불과 한두 세
대만 하더라도 여성의 일로 여겨졌던 집안일을 하는 것을 부
끄러워하지 않고 오히려 더 적극적으로 하려 한다.

체코인의 성장

체코에서 생활하는 아이들의 삶은 여느 선진국의 아이들과 다를 바 없다. 체코의 도시에서는 청소년들이 방과 후 또는 주말에 친구들과 맥도날드, KFC, 또는 즐겨 찾는 곳에서 모여 수다를 떨거나 스마트폰으로 모임에 빠진 친구 또는 부모와 연락을 주고받는다.

각종 법의 적용을 받는 나이도 다른 곳의 청소년과 비슷하다. 성관계 동의 가능 나이는 15세, 음주와 차량 운전이 법적으로 가능한 나이는 18세이다. 단, 배기량이 최대 50cc인 오토바이나 스쿠터는 15세부터 탈 수 있다.

체코 교육 체계에서는 모든 학생이 비슷한 초등 교육을 받

등교 첫날 부모와 함께 교실에 있는 어린이들

지만, 중등 교육 과정이 서로 상당히 다르다. 보통 체코 아이들은 4살 경에 유치원에 들어가고 9년간 초등 교육을 받는다. 초등 교육이 끝나갈 즈음에 학생들은 어떤 경로의 중등 교육을 받을지 선택해야 한다. 크게는 네 가지 선택지가 있다.

【 일반 고등학교(김나지움, Gymnázium) 】

대체로 4년제이며, 일반 학문을 배우고 특히 대학 입학을 준비하는 성격 때문에 대부분 체코 학생이 일반 고등학교로 진학한다.

【 기술 고등학교(Střední Odborná škola) 】

역시 4년제이며 대학교나 다른 고등 교육기관에 진학할 수 있도록 졸업 시 인증서가 발급된다. 그렇지만 김나지움과는 달리 비즈니스에 치중한 교육을 제공한다.

【 직업 고등학교(Střední Odborné Učiliště) 】

직업 및 실용 교육에 집중하는 곳으로, 고등 교육에서 그렇게 인기가 많은 선택지는 아니다. 대체로 2~3년제이며 직업 자격증(Výuční list)이 발급되고, 졸업 후 대학 진학을 하지 않는다.

공연예술 분야로 나갈 생각이 있는 학생이 선택하는 경로로, 대개 지원 과정에 오디션이 포함된다. 수학 기간은 6~8년 정도이며 졸업 시 고등 교육으로 진학할 수 있는 인증서가 발급된다.

【 고등학교 졸업 시험(Maturita) 】

체코 청소년에게 중요한 통과 의례는 바로 고등학교 졸업 시험을 통과하는 일이다. 이 시험은 두 부분으로 나뉘어 4월과 5월에 시행되며, 체코 고등학생이 고등학교를 졸업하고 대학에 진학(물론 대학 입학시험에 통과해야 함)할 자격을 준다. 시험은 국가 출제 영역과 학교 출제 영역으로 구성된다. 여러 과목의 필기 및 구술시험을 통과해야 하므로, 이 시험을 통과했다는 것은 축하할 일로 여겨진다.

앞서 살펴본 것처럼 고등학교 졸업을 축하하는 의미로 이제 학생들이 학교의 종소리를 듣는 것이 마지막이라는 의미를 담은 마지막 종이라는 파티를 연다. 시험을 몇 주 앞두고 졸업 예정인 학생들이 대중교통 정류장이나 광장 등 사람이 많이 오가는 곳에 삼삼오오 모여 시험이 끝나면 할 파티를 위해 모금 운동을 한다. 학생들은 동전 몇 개만 넣어주어도 감사의 의미로 사탕 등 소정의 먹거리를 준다. 정해진 테마의 의상을 입고 거리를 활보하는 것 외에도 (사전에 동의를 구한) 가게의 창문에 졸업 예정인 학급의 사진을 붙여 놓는 것도 빠지지 않는다.

고등학교 졸업 시험은 김나지움에 진학하는 학생들이 주로 치르지만, 다른 고등학교에 다닌 학생도 시험을 볼 수 있다.

반려동물

체코인은 대체로 동물을 좋아한다. 체코인이 얼마나 개를 좋아하는지 보려고 체코에 오랜 기간 머무를 필요도 없다. 체코에서는 반려견이 출입할 수 있는 펍과 식당이 많다. 반려견용 물그릇이 준비된 곳도 많다. 반려견을 데리고 출근할 수 있는 직장도 흔하며, 대중교통에도 반려견을 동반할 수 있다.

체코산으로 유명한 견종은 최소 여섯 종류 이상이다.

보헤미안 셰퍼드
역사가 매우 오래된 양치기 개로, 14세기까지 그 역사를 거슬러 올라간다.

보헤미안 스포티드 도그

1950년대에 실험실용 동물로 개발(원래의 목적대로 많이 활용되었다는 증거는 거의 없음)되었지만, 성격이 워낙 좋아 반려견으로 인기가 좋다.

보헤미안 와이어헤어 포인터

19세기에 개발된 사냥개로, 20세기 초에는 거의 멸종 위기에 처했었다. 아주 뛰어난 사냥개자 가족에게 적합한 반려견이다.

체스키 테리어

세계에서 가장 희귀한 견종 중 하나로, 1940년대 후반에 개발되었다.

체코슬로바키아 불독

외관이 불도그를 닮아 눈길을 끄는 견종이다. 경찰과 군에서 임무 수행에 적합한 견종을 만들기 위해 1950년대에 독일셰퍼드와 카르파티아 늑대를 교배하여 개발되었다.

프라하 래터

11세기까지 거슬러 올라가는 소형견이다. 이름Ratter에서 알 수 있듯이 원래 시골과 집 안에서 쥐를 잡게 하려고 개발한 견종이다. 오늘날에는 반려견으로 인기가 좋다.

체코인이 반려견만 좋아하는 것은 아니다. 고양이, 토끼, 새

등 다양한 반려동물도 많이 키운다.

친환경 생활

분리수거 정책이 처음에 제대로 시행되지 않아 많은 사람이 회의적이었던 것을 감안하면 체코인은 쓰레기 분리수거를 잘하는 편이다. 쓰레기 분리수거가 처음 시작되었을 당시, 사람들은 규정대로 투명한 유리와 색상이 있는 유리를 분리 배출했지만 결국에는 모두 섞이게 된다는 사실이 알려졌다. 다행히 이 일로 인한 회의적인 태도는 점점 줄어들었고, 이제는 색상으로 분류된 재활용 쓰레기통이 동네에 전략적으로 배치된 것을 흔히 볼 수 있다. 그렇지만 쓰레기통 관리가 잘되지 않는 때도 있고, 재활용할 수 없는 쓰레기까지 그냥 버리는 사람들도 있다.

유리, 종이, 플라스틱 재활용은 체계가 잘 잡혀 있지만, 전자제품과 음식물 쓰레기 수거는 다소 미흡하다. 빨간색의 전자제품 수거용 통과 갈색의 음식물 쓰레기통의 수는 다른 재활용 쓰레기통(노란색, 파란색, 초록색)보다 적지만 이제는 점점 늘고 있다.

개인과 기업은 일회용 플라스틱 사용을 줄이는 데 진심이다. 체코인이 플라스틱 사용에서 앞서가는 부분이 한 가지 있다. 바로 재사용이 가능한 비닐백이나 천으로 된 쇼핑백을 사회주의 몰락 이전부터 활용했다는 점이다. 실제로 연세가 지긋한 여성들은 자신의 쇼핑백이 성인 자녀보다 나이를 더 먹었다고 자랑스럽게 말할 것이다.

쇼핑 습관

미국식 쇼핑몰과 '창고형' 매장이 도심 지역에서 많이 보이고 편의성 때문에 인기를 끌고 있지만, 체코인의 기존 쇼핑 습관도 여전히 많이 남아 있다.

규모가 큰 도시에는 동네마다 식료품점^{potraviny}과 생활용품과 화장품 등을 파는 곳^{drogerie}과 같은 편의점이 한두 개 이상 있다. 사람들은 이런 편의점을 많이 이용하며, 대체로 큰 체인점 형태이지만 개인이 운영하는 곳도 있다.

빵집^{pekárna}과 제과점^{cukrárna}도 맥도날드, KFC 등의 패스트푸

드 체인점에 굴하지 않고 굳건하게 명맥을 유지하고 있다. 그렇지만 요즘에는 개인 빵집은 점점 줄고 대형 프랜차이즈 빵집이 많이 늘고 있다.

이와 비슷하게 코스타, 스타벅스 등 관광객이 몰리는 대형 커피전문점도 체코의 커피 문화 발달에 영향을 주었지만, 개인 카페(개별 매장, 이동형 카페)도 주민들의 사랑을 받으며 튼튼히 자리하고 있다.

노천 채소 시장도 흔하며 인기가 높다. 브르노에서 수백 년의 역사를 자랑하는 젤리 트르 Zelný trh 시장 같은 곳은 지역 사회에 확실히 자리 잡았으며 다양한 사람이 많이 이용한다. 프라하의 도심과 근교에는 거리 시장이 많이 있다. 역사지구에는 3개의 시장이 있는데, 나플라브카 시장에서는 신선한 농산물과 빵을 비롯하여 도자기 같은 전통 수공예품도 판다. 일회용 포장재의 사용을 줄인 것으로 유명한 헤르마카크 Heřmaňák 시장은 재사용이 가능한 장바구니를 가져가면 좋다. 쿠반 Kubáň 시장도 장바구니를 챙겨 가면 좋다.

체코의 전국 인터넷 보급률은 거의 100%에 가까우며, 체코인들은 원래 그랬다는 듯이 온라인 쇼핑에 빠르게 적응하고 있다. 테스코의 온라인 몰이나 국산 온라인 슈퍼마켓 rohlik.cz에서 일주일 치 장을 보고 집으로 배달시키는 것이다.

물건을 구매할 때는 현금과 체크카드를 많이 사용한다. 신용 카드를 받는 가게도 이제는 흔하지만, 많은 체코인은 여전히 신용카드 사용에 조심스럽다. 어떤 사람은 신용카드와 체크카드를 명확하게 구분하지 못하여 이 두 용어를 혼용하기도 한다.

체코인의 절약 정신

체코인은 흥정하기를 좋아하며, 싼값에 좋은 물건을 사는 일에 기쁨을 느낀다. 젊은 세대는 사회주의 시절을 기억하는 고령 세대보다 자유롭게 소비하는 편이지만, 대체로 신용 카드를 주로 사용하는 사회의 젊은이보다 영리한 소비생활을 한다.

어떤 사람은 체코인의 절약 정신이 1970년대와 1980년대 후반의 정상화 기간에 있었던 경제 정체 때문이라고 말한다. 좀 더 일반적으로 말하자면, 사회주의 시절 자원과 능력 있는 자영업자가 부족해서 체코인의 독립적인 성향과 필요하면 자기가 만든다는 사고방식이 강하게 자리 잡았다. 덕분에 체코인의 창의성, 지혜, 문제 해결 능력이 두드러지게 되어 '금손의 체코인*zlaté české ruce*'이라는 문화적 인식이 탄생했다.

전국에 걸쳐 여러 품목을 갖춘 창고형 철물점이 있고 숙련된 건축 장인이 부족하기 때문에, 금손의 체코인은 항상 준비성이 철저하다. 나이가 많고 적음을 떠나서, 대부분 체코인은 DIY 작업을 즐기고, 주말에 컴퓨터를 조립했다거나 새로 짓는 집이 얼마만큼 완성되었는지 등에 관한 이야기를 나누는 모습을 심심치 않게 볼 수 있다. 그리고 그 과정에서 얼마나 많은 돈을 절약했는지도 이야기의 단골 주제이다.

다만 많은 체코인(보통 구식 사고방식을 가지고 자신의 능력을 과신하는 남성)은 자신의 DIY 능력을 과대평가하는 경향이 있고, 스스로 금손이라고 부르기도 한다. 그렇지만 누가 진짜 금손이고 누가 자신을 금손이라고 여길 뿐인 사람인지는 잘 모르는 사람이 봐도 쉽게 구분할 수 있다.

체코인의 절약 정신을 더욱 부추긴 현대적인 요인에는 슈퍼마켓의 식료품 품질이 일정하지 않았다는 점도 있다.

식료품 품질의 차이는 EU 내 구사회주의 국가에서 큰 문제이고, 이를 근절하기 위한 캠페인도 많이 벌어지고 있다. 기본적인 설명을 하자면, 두 개 이상의 국가에서 포장이 똑같은 식료품을 판매하는데 실제로 재료를 자세히 살펴보면 품질에 현격한 차이가 있는 것이다. 이 때문에 (슈퍼마켓의 식료품 품질이 훨씬 나은 국가인) 오스트리아나 독일 국경 근처에 사는 체코인은 해당 국가에 가서 가격 대비 품질이 훨씬 나은 식료품을 사 온다.

체코인의 절약 정신이 돋보이는 또 다른 분야는 바로 의류 쇼핑이다. 바깥에서 입는 옷에는 돈을 많이 쓰지만, '집에서 입는 옷'에는 그렇지 않다. 대개 거리나 시장에서 베트남인이 파는 매우 싼 옷을 산다.

체코인은 자신은 검소한 생활을 하지만 자선을 많이 베푸는 편이다. 그렇지만 기부 방식에는 매우 신중하다. 실제로 체코인이 거리에서 자선 단체 사람에게 돈을 주는 모습은 거의 보기 힘들다. 수년간 해마다 거리에서 모금 운동을 벌여온 유명한 시각 장애인 자선 단체인 Světluška는 예외이지만 말이다.

체코인 대부분은 은행 계좌이체로 기부하는 방법을 선호한다. 이는 매년 부활절에 진행되는 어린이 자선 방송인 Pomozte Dětem의 높은 인기로도 증명된다. 이 방송에서는 체코의 TV와 영화 스타들이 나와 전화를 받는다. 이 방송을 앞두고 구명 튜브를 낀 닭 모양의 마스코트를 전국에서 쉽게 찾아볼 수 있다.

또 다른 유명한 체코 자선 단체는 Kola pro Afriku(아프리카에 자전거를)이라는 곳이다. 체코 북동부에 있는 도시 오스트라바에서 만들어진 이 단체는 사용하지 않는 자전거를 수거해 수리한다. 그리고 이 자전거를 감비아에 있는 학교로 보내 매일 걸어서 통학하기 어려운 아이들에게 대여해 준다. 전국에서 수거 센터가 늘어나면서, 이 단체는 국내뿐만 아니라 해외에 톡톡히 기여하고 있다. 일례로 아프리카로 자전거를 보내기 전에 체코 내의 노숙자와 수감 경력이 있는 사람들이 상당수의 자전거를 수리한다.

코로나19 팬데믹 기간에는 도움이 필요한 사람들People in Need(체코에 본부를 두고 30여 개국에서 운영 중인 NGO)이 팬데믹으로 가장 타격을 많이 받았지만, 지원을 받기 어려운 사람들을 돕는 데에 앞장서서 많은 지원과 물품을 모았다.

일과 삶의 균형

대체로 체코인은 일과 삶의 균형을 잘 맞추는 편이다. 펍이 민족 정체성의 핵심으로 여겨지고, 노동법에서 4주의 유급휴가를 보장하고 고용주가 추가로 일주일의 휴가를 혜택으로 제공하는 사회에서 이는 그다지 놀라운 일이 아니다.

체코에서 사업체를 운영한다면 금요일 오후에 회의를 잡는 일은 하지 않는 것이 좋다. 많은 체코인이 금요일 오후에 일찍 퇴근해서 주말을 즐길 준비를 할 것이기 때문이다.

상대적으로 면적이 좁지만 할 수 있는 실내/야외 활동이 많은 체코에서 사람들은 주말에 집 근처에서 무엇을 할지 선택지가 너무 많아 고민한다. 그리고 대부분이 자신이 선택한 활동을 최대한으로 즐긴다.

06

여가생활

체코인 대다수의 주말은 금요일 오후부터 시작된다. 금요일 오후면 이미 차나 기차를 타고 도시를 벗어난다. 봄과 여름에는 많은 이들이 큰 강에서 카누를 탄다거나 산을 오르는 활동적인 시간을 보낸다. 겨울에는 산에서 스키를 타거나, 가능한 곳에서 크로스컨트리를 즐긴다. 또한 고향에 내려가 가족과 친구를 만나는 사람도 있다.

체코인은 여가를 매우 중요하게 생각한다. 체코에 외국계 회사가 점점 많아짐에 따라 다른 나라의 업무수행 방식을 따라야 하는 압박에서도 일과 삶의 균형을 잘 맞추기 위해 큰 노력을 기울인다. 사무직 근로자의 근무 시간은 주당 40시간을 넘기는 일이 드물다. 요즘 젊은 세대가 경력 개발에 더 많이 시간을 투자하면서 그런 추세도 변화하고 있긴 하지만 말이다. 그리고 주말 근무나 야근도 일반적인 일은 아니다.

여가활동

체코인이 여가를 즐기는 방식은 다른 나라 사람과 비슷하다. TV 시청, 영화나 콘서트 관람, 지역 명소 관광, 스포츠나 야외 활동 등을 즐긴다.

특히 야외 활동에 열정적이다. 겨울이면 크르코노셰 산맥에서 스키를 타고, 여름에는 전국에서 산길을 따라 하이킹이나 사이클링을 하거나 야외 수영장, 호수, 저수지 등에서 수영을 한다. 가을에는 버섯을 따러 다닐 수도 있다. 이렇게 체코인은 몸을 움직이면서 자연경관을 만끽하며 시간을 보낸다.

체코에서는 왜 그렇게 야외 활동을 많이 할까? 규모가 작은 나라치고는 자연경관이 놀라울 정도로 다양하고 국립공원과 보호 구역이 많아 자연을 즐길 수 있기 때문이다.

이렇게 숨 막힐 정도의 아름다움을 자랑하는 자연 외에도 체코에는 매력적인 역사 유적지도 있다. 체코 남동부의 레드니체, 발티체 지역은 유네스코에도 등재된 넓은 지역으로 야외 활동과 역사 유적지를 좋아하는 체코인과 관광객 모두에게 인기 있다. '유럽의 정원'이라는 별명으로도 불리는 이 지역의 면적은 거의 300km²에 달하며 두 개의 성과 여러 채의 소규모 건물이 있다. 17세기와 20세기 초에 리히텐슈타인이라는 귀족 가문에서 조성한 이 지역은 유럽에서도 가장 넓고 조경이 세심하게 된 곳으로 손꼽힌다.

레드니체, 발티체 지역을 전부 돌아보려면 최소한 주말 전체를 투자해야 하는데, 지역을 가로지르는 오솔길을 따라 도보 또는 자전거로 관람하는 것이 가장 좋다. 어떤 사람은 말을 타고 둘러보기도 한다.

【 주말여행 】

체코인 대다수의 주말은 금요일 오후부터 시작된다. 금요일 오후면 이미 차나 기차를 타고 도시를 벗어난다. 어떤 사람은 주 초반에 한두 시간 일을 더 하고 금요일에 일찍 퇴근해서 퇴근 길 차량정체를 피하기도 한다.

봄과 여름에는 많은 이들이 큰 강에서 카누를 탄다거나 산을 오르는 활동적인 시간을 보낸다. 겨울에는 산에서 스키를 타고 내려오거나, 가능한 곳에서 크로스컨트리를 즐긴다. 또한 고향에 내려가 가족과 친구를 만나는 사람도 있다.

[주말 별장]

1989년부터 변하지 않은 점이 하나 있다면, 주말 별장(chata 또는 chalupa라고도 함)에 대한 애정이다. 작은 판잣집에서부터 연중 언제든 와서 머무를 수 있는 세컨드 하우스까지 형태도 다양하다. 이런 주말 별장을 중시하는 문화는 체코인이 사랑하고 기술을 발달시킨 텃밭 가꾸기와 DIY부터 주중의 업무 일정 수립에까지 많은 영향을 미쳤다.

공산주의 시절의 주말 별장은 체코인이 조금이나마 땅을 가질 수 있는 수단으로 여겨졌다. 그래서 이런 주말 별장을 주말이나 여름에 몇 주간 대가족이 모일 수 있도록 크게 지었다. 자연을 즐기는 일은 체코인, 특히 도시에 사는 체코인에게 매

전통적인 목재 주말 별장

우 중요하다. 프라하나 다른 도심 지역, 공업지대의 공기 질이 좋지 않은 상황에서 신선한 시골 공기가 건강에 좋다는 믿음 (완전히 틀린 말도 아니다) 때문이다. 산업과 갈탄으로 인한 대기 오염은 1989년부터 상당히 줄었지만, 자동차로 인한 대기 오염이 급격히 늘었다. 그래서 많은 도시 거주민은 주말 별장에서 보내는 여름과 주말을 스모그가 많은 도심의 긴 겨울 끝에 폐를 정화하는 시간으로 생각한다.

5월 휴일을 기점으로 체코인들은 손수 만든 트레일러에 장비와 물자를 실어 주말 별장으로 나른다. 6월에 학교가 끝날 때쯤이면 주말 별장의 준비도 완료되고, 가족들은 주말이나 몇 주에 걸쳐 이 주말 별장에서 시간을 보낸다.

주말 별장에서의 활동은 당연히 가족 중심적으로, 텃밭 가꾸기, 하이킹, 자전거 타기, 집 개보수 등을 많이 한다. 주말에 별장으로 초대를 받는다면 이 집이 '세컨드 홈'인지 '판잣집'인지 미리 알아보아야 한다. 양쪽 다 즐거운 경험이 되겠지만, 방문객의 준비가 더 필요한 곳이 있기 마련이기 때문이다. 침낭이나 매트를 가져가야 할지, 수도 설비가 되어 있는지 등을 물어보고 챙겨 가야 할 물건이 무엇인지 알아본다.

불편한 생활에 익숙한 체코인은 방문객이 실제보다 더 멋질 것으로 기대한다는 점을 알고 있다. 그래서 대부분이 방문객이 묻기도 전에 기대치를 낮추려고 하는 편이다. 주말 별장이 어떤 유형이든 간에 주말 별장에 가게 된다면 좋은 여행 친구, 밭에서 갓 수확한 농산물, (특히 주말에 처음 교외로 간다면) 깨끗한 공기를 기대할 수 있을 것이다.

음식

체코 음식은 세계에 잘 알려지지 않았다. 따라서 방문객은 대개 무엇을 기대해야 좋을지 잘 모른다. 체코에서 주요리는 푸짐하며 배부르게 하는 요리가 대부분이다. 재료는 돼지고기, 감자, 양배추 등 기본적인 것들로 만들어지지만 완성된 요리는 매우 맛이 좋다. 체코의 국민 요리는 '베프르조 크네들로 젤로'라고 하는 돼지고기 구이, 체코식 찐빵, 사워크라우트가 함께 제공되는 요리이다. 그렇지만 이외에도 늘 인기가 많은 다른 요리도 먹어보기를 바란다.

스비치코바 나 스메타네(간단히 스비치코바)는 육즙이 풍부한 소고기 등심구이에 달콤한 크림소스가 들어간 요리로, 크네들리키(체코의 주식인 체코식 찐빵)가 함께 나온다. 위에는 레몬 슬라이스, 소량의 생크림과 타트 베리를 올린다. 스비치코바는 다른 많은 체코 요리처럼 만드는 데 시간이 오래 걸린다. 그리고 대부분 체코인이 가족 대대로 내려오는 비장의 조리법이 있다거나 자신의 어머니 혹은 할머니가 만든 것이 가장 완벽하다고 자랑할 수 있는 요리이다. 이 요리를 만드는 법을 터득한 체코인은 대개 자신의 조리법을 공개하지 않으려 하면서 남들

(왼쪽 상단부터 시계방향) 얇게 썬 카를로바스키 찐빵을 곁들인 굴라시, 소시지와 채소를 곁들인 젤나츠카 수프, 자두와 라즈베리를 곁들인 감자 찐빵, 감자튀김과 양상추를 곁들인 치즈 튀김

의 부러움을 산다.

체코식 굴라시는 헝가리식 굴라시를 좋아하는 사람들의 저 평가를 받기 일쑤이다. 헝가리식에 비해 덜 자극적이기 때문 이다. 그렇지만 굴라시는 체코 음식에서 빠지지 않는 주식이 다. 약간 매콤한 소스에 소고기가 들어가 있고, 체코식 찐빵과 함께 제공되는 굴라시는 대부분 방문객이 먹기에 부담 없는 요리이다.

르지젝은 체코식 비엔나 슈니첼(비엔나의 유명한 요리. 고기를 잘게

다져 달걀옷을 입히고 빵가루를 묻혀 튀겨냄)이다. 체코식은 크기가 조금 더 작으며, 보통 돼지고기나 닭고기로 만든다. 그리고 감자튀김hranolky이나 삶은 감자와 함께 나온다.

스마제니 시르(간단히 스마작)는 '치즈 튀김'이라고 번역되어 다른 나라에서 온 방문객의 호기심을 자아낸다. 달걀옷을 입혀 빵가루를 묻힌 뒤 팬에 굽거나 기름에 튀긴 치즈로 만든 간단하고 저렴하며 어디서는 맛볼 수 있는 요리이다. 보통 에담치즈나 가열했을 때 약간 물렁물렁해지기는 하지만 완전히 녹지 않는 치즈 등 약간 단단한 치즈를 쓴다. 대개 감자튀김이나 감자로 만든 다른 사이드 메뉴, 타타르카(체코식 타르타르 소스)와 함께 제공된다. 에담치즈 대신에 헤르멜린치즈(체코식 카망베르치즈)를 쓰거나 타르타르 소스 대신 크랜베리 소스를 쓰는 방법도 있다. 스마작은 익숙해져야 그 맛을 알게 되는 요리지만, 외국인들도 대체로 빨리 맛에 적응하는 편이다.

Moravský vrabec은 돼지고기 자투리 부위(대개 어깨살이나 지방 함량이 높은 부위)를 양념에 절여 구워낸 것이다. 크네들리키, 삶은 양배추, 사워크라우트 또는 시금치를 곁들인다. 많은 곳에서 이 요리를 맛볼 수 있지만, 지역에 따라 버전이 다양하다. 그 이름에서 알 수 있듯이 Moravský vrabec은 모라비아식 요리이다. 다른 지역에서는 보통 'vepřový vrabec'(돼지고기 vrabec)이라고 메뉴에 적혀 있다.

트바루주키치즈는 체코에서도 보호받는 별미로, 체코 동부의 로슈티체라는 작은 도시에서 생산된다. 모든 문화권에는 이방인을 긴장시키는 요리 한두 가지는 꼭 있는데, 체코에서는 바로 트바루주키가 이에 해당한다. 가장 건강에 좋은 치즈에 속하는 것으로 알려졌지만, 맛을 제대로 이해하기까지는 시간이 걸린다. 풍부하지만 약간 쓴맛이 특징이자 핵심이지만, 가장 강력한 특성은 사람이 움츠러들 정도로 강렬한 특유의 향이다. 장난삼아 이 치즈의 향을 일부러 (그것도 상당히 과장해서) 장황하게 말해서 사전 지식이 없는 외국인이 하지 않아도 될 걱정을 하게 만드는 체코인이 많다. 많은 식당에서는 트바루주키를 사용한 다양한 요리를 제공한다. 어떤 곳에서는 이 치즈를 사용한 메뉴는 여름에만, 그리고 야외 테라스에서만 제공한다고 메뉴에 적어놓기도 한다. 시간이 지나도 트바루주키 맛에 익숙해지지 않는다고 걱정할 필요는 없다. 현지인도 고개를 돌릴 정도니까 말이다.

체코 요리에서 수프도 많이 먹는데, 그중에서도 특히 브람보르츠카(푸짐하고 매콤한 감자 수프), 쿨라이다(딜과 감자로 만든 사워

수프), čnsnečka(마늘 수프로 숙취 해소뿐만 아니라 귀신 들린 데에도 좋은
것으로 유명함)는 전국적으로 인기가 있다. 수프 주문 시 로흘릭
(껍질이 딱딱한 튜브 모양의 흰 롤빵)을 곁들이는 경우가 많다.

많이 먹는 디저트로는 야블레치니 자빈(사과 슈트루델), 과일
이나 아이스크림을 올린 팔라친키(크레페)가 있다. 또 ovocné
kynuté 크네들리키(과일로 속을 채운 체코식 찐빵)도 즐겨 먹는데, 여
기에는 생크림을 올리거나 슈거 파우더를 위에 뿌린다.

외식

지난 10년 사이에 체코, 특히 프라하와 브르노에서 외식을 할
수 있는 식당과 종류가 곱절로 늘었다. 전통 체코 요리 이외에
도 선택지가 많아졌고, 채식 또는 비건 요리를 제공하는 곳도
생겼다.

이전에는 금연 식당이나 카페를 찾기가 힘들었지만, 앞서
설명한 바와 같이 2017년부터 공공장소를 금연 구역으로 설
정했다. 오늘날 모든 실내 공공장소(식당, 펍, 대중교통 등)에서 흡
연이 금지되고 있다. 그렇지만 전자담배나 시샤 같은 물담배는

프라하 카를교 인근의 노천카페

예외가 적용된다. 공공장소에서 흡연하면 최대 5,000코루나의 벌금이 부과된다.

많은 식당에서 치즈 튀김 이외에도 고기가 들어가지 않은 메뉴를 많이 제공하게 되었고, 법으로 식당을 금연 구역으로 설정해 원치 않는 담배 연기를 들이마시지 않아도 되었다. 이런 변화가 생겼어도 체코 식당에서 변하지 않은 점도 있다.

식당 종업원이 더 많은 팁을 받으려고 마음에도 없는 말을 건네며 안간힘을 쓰는 문화권에서 왔다면, 일반적인 체코 식당에서의 경험은 일종의 충격으로 다가올 것이다.

보통 식당 종업원은 주문을 받고 음식을 서빙하며, 식사 중에 한 번 정도 들러 문제가 없는지 확인한다. 그 외에는 손님이 계산하겠다고 할 때까지 편안하게 식사하도록 내버려 둔다. 테이블 근처를 기웃거리며 한담을 건넨다거나 친구처럼 살갑게 굴지도 않는다. 또한 체코 식당에서 손님이 왕인 것처럼 행세하며 종업원을 존중하지 않는 모습을 보이면 이들은 훨씬 더 퉁명스러운 태도로 기분이 나쁘다는 표시를 할 것이다.

메뉴에 체코어만 쓰여 있다면 다른 언어로 된 메뉴가 있는지 물어보면 된다. 체코의 식당에서는 보통 영어와 독일어 메뉴를 갖춰 놓고 있다.

수프, 샐러드, 전채 요리, 사이드 메뉴를 개별적으로 판매한다. 주문 시 사이드 메뉴příloha를 선택하라는 권유를 받을 때가 대부분인데, 이때 이런 사이드 메뉴가 식사에 포함된 것으로 생각해서는 안 된다. 계산서에 보면 개별 메뉴로 표시가 되어 있을 것이다.

법에 따라 식당에서는 계산대에서 출력한 영수증을 손님에게 제공하게 되어 있다. 그러니 걱정하지 말고 계산서účet를 달라고 하면 된다. 안타깝게도 주문하지 않은 맥주나 빵을 금액에 추가하여 외국인 관광객에게 바가지를 씌우는 경우도 여전히 많으니 주저하지 말고 전체 영수증을 요구하도록 하자.

대부분 식당에서 일행이 금액을 나눠 계산할 수 있다. 계산 담당 종업원(보통은 서빙 담당 직원 중 한 명이 하지만 아닐 수도 있음)이 테이블에 와서 계산을 도와준다. 이때 전체 금액을 한꺼번에 지불dohromady할 것인지, 아니면 일행이 각자 계산zvlášť하는지 확인한다.

또 한 가지 명심해야 할 점은 종업원이 알아서 계산서를 가져다주지 않는다. 체코(그리고 대부분의 유럽 국가)에서 식사할 때 좋은 점은 시간에 쫓기지 않아도 된다는 것이다. 종업원이 식사 중에 음료를 리필한다든가 디저트 주문을 받기 위해 한두 번 테이블을 방문할 수는 있지만, 이것이 얼른 식사를 마치고 나가라는 무언의 압박은 아니다. 계산서를 원한다면 "Zaplatíme, prosím"("이제 계산할게요.") 또는 "Účet, prosím"("계산서 주세요.")이라고 말하면 된다.

체코 식당 대부분이 일간 또는 주간 점심 메뉴를 제공하는데, 보통 외부에 눈에 띄게 게시한다. 이런 메뉴는 구내식당jídelna이 없는 직장인을 위한 것으로, 이런 점심 메뉴를 선택하여 식사한 후 복지혜택으로 받은 식권으로 계산하는 모습을

· 팁 문화 ·

팁을 줄 때는 보통 간단하게 식사 금액의 다음으로 큰 숫자로 올림하여 준다. 예를 들어서 식사 금액이 132코루나였다면, 팁을 포함하여 140코루나를 지불하면 충분하다. 135코루나가 나왔다면 150코루나를 내는 경우도 종종 있다. 비율로 팁을 계산하는 것이 편하다면 팁은 식사 금액의 10~15%가 적당하다.

팁은 계산 시에 종업원에게 팁을 포함하여 얼마의 금액을 계산할지 알려주는 방식으로 지불한다. 그렇다고 돈을 내면서 얼마를 돌려달라는 방식으로 말하지는 말자. 예를 들어 식사 금액이 400코루나이고 1,000코루나 지폐로 계산할 때, 팁을 50코루나 주고 싶다면 종업원에게 550코루나를 거슬러 달라고 할 게 아니라 450코루나를 낸다고 말해야 한다. 그렇지 않으면 의도치 않게 상당히 많은 팁을 주게 된다(550코루나를 계산하게 됨-옮긴이). 그리고 팁을 테이블에 올려두지 않도록 한다.

택시를 탈 때 팁은 내지 않아도 되지만, 택시요금을 올림하여 내는 것이 일반적이다.

종종 볼 수 있다. 점심 메뉴는 실제로도 가성비가 좋다. 150코루나(원화로 약 8,800원) 내외의 금액으로 수프와 든든한 점심 한 끼를 먹을 수 있는 곳이 많기는 하지만, 프라하 중심부에서는 그런 곳을 찾기 어렵기 때문이다. 저렴한 가격으로 더 나은 점심을 먹을 수 있으니 패스트푸드를 찾을 필요도 없다.

요즘 각광받는 점심 식사 방법은 온라인으로 사무실까지 점심을 배달 주문하는 것이다. 핀란드 배달 기업 볼트^Wolt나 체코 기업 Dáme Jídlo 등의 배달 업체는 체코 전국 각지의 식당과 계약을 맺고 배달 서비스를 제공한다.

체코인은 보통 하루 한 번, 점심에 '따뜻한' 식사를 한다. 아침에는 로흘릭과 커피나 차 또는 요거트 정도로 가볍게 먹지만 요즘에는 오트밀이 인기를 얻고 있다. (주말 브런치도 점차 유행하고 있다.) 오전 중에 잠시 쉬며 가벼운 간식^svačina으로 페이스트리 같은 달콤한 주전부리와 커피를 즐기는 일도 흔하다. 저녁에는 맛있는 체코 빵과 치즈 또는 콜드 컷(햄, 소시지나 가공육 등 조리하지 않고도 먹을 수 있는 고기 요리-옮긴이) 정도를 먹는다.

(튀김이나 디저트를 제외하고) 신선한 과일과 채소가 식당에서 많이 제공되는 편은 아니지만, 지역의 과채 시장에서 뛰어난 품질의 제철 과채류를 살 수 있다. 북미에서처럼 연중 즐길 수 있는 과일과 채소가 다양한 편은 아니지만, 지역에서 생산된 제철 과채류는 훨씬 맛이 좋다. 5월이나 6월에는 잘 익은 체코산 딸기를, 8월에는 과즙이 풍부한 복숭아나 자두를 먹는 일

만큼 즐거운 것도 없다.

문화에 관한 열정

체코, 특히 프라하와 도심 지역에서는 문화를 즐길 수 있는 곳
이 다양하다. 체코인은 박물관, 콘서트, 극장을 선택할 때면 선
택지가 많아 행복한 고민을 한다. 프라하에는 두 개의 국립 오
페라 극단, 여러 개의 유명 오케스트라, 수많은 극장과 콘서트
홀, 그보다 한 해에 다 볼 수 없을 정도로 많은 수의 박물관과
미술관이 있다. 많은 문화유산이 그 자체로도 예술인 건물 안
에 전시되어 있다.

천 년이 넘는 역사를 자랑하는 예술, 건축, 역사, 음악, 문학
과 함께 프라하는 모든 방문객에게 특별한 경험을 제공한다.
프라하 성, 말라 스트라나('작은 지역'이라는 의미) 위의 언덕 꼭대
기에 자리한 성 비투스 대성당, 대성당과 아름다운 구시가지
광장 사이를 잇는 카를교(14세기에 완공), 블타바 강 오른쪽 유역
의 옛 유대인 구역, 바츨라프 광장, 신시가지 등 매력적인 프라
하의 주요 관광지를 다룬 안내서도 매우 많다.

프라하 블타바 강의 다리. 강 왼쪽이 구시가지이다.

프라하에 있으면 프란츠 카프카라는 전설적인 작가의 존재에서 벗어날 수 없을 것이다. 카프카는 독일어를 모국어로 사용했지만, 프라하에서 태어났다. 그래서 체코인은 그를 체코인이라고 여긴다. 카프카는 프라하의 구시가지에서 태어났고 그곳에서 생애 대부분을 보냈다. 프라하 구시가지에서 카프카의 생가를 방문하거나 삶의 발자취가 어린 장소를 둘러보고 역사지구 동쪽 올샤니의 신 유대인 묘지에 있는 카프카의 묘지를 방문해도 좋다.

프라하의 일부 문화 행사는 주로 관광객을 대상으로 하는

네오 르네상스 양식의 루돌피눔 콘서트홀과 미술관은 1885년에 처음 개관했다.

데, 그런 행사에서 현지인을 찾아보기란 힘들 것이다. '유명한 솔로이스트'가 출연하는 '유명한 오케스트라' 콘서트나 공연 자가 고풍스러운 옷을 입은 콘서트는 거의 관광객을 대상으로 한다. 이런 공연도 물론 훌륭하지만, 국립극장이나 루돌피눔(체코 필하모니 본부) 등 국영 극장에서 관광객 대상 콘서트보다 훨씬 저렴한 가격에 정말 뛰어난 음악과 연극 공연을 제공하는 도시가 바로 프라하라는 점을 기억하자. 그렇지만 7월과 8월에 방문하는 경우라면 관광객 대상이 체코의 음악 문화를 즐길 수 있는 유일한 방법이다. 대부분 국립극장이 여름에는 문을 열지 않기 때문이다. 십중팔구 체코인은 자신의 주말 별장에 머물고 있을 가능성이 크다.

【 프라하 이외 지역 】

프라하 외에도 다양한 유형의 문화 시설이 거의 전국에 수도 없이 존재한다. 전국 곳곳에 있는 역사가 오래된 성과 대저택은 미술관이나 음악 공연장으로도 활용되고 있다.

체코에서는 매년 개최되는 국제적인 문화 행사가 많다. 그중 가장 유명한 행사는 온천 도시 카를로비 바리의 영화제이다. 카를로비 바리 국제영화제는 그 역사가 50년을 넘었으며, 전 세계의 영화 관객과 유명인사가 영화제에 참석한다.

다양한 음악 페스티벌도 인기가 많다. 가장 규모가 큰 페스티벌은 국제적이고 장르도 다양한 컬러스 오브 오스트라바 Colors of Ostrava 페스티벌이다. 2002년부터 체코 북동부의 오스트라바에서 열리는 이 페스티벌에서는 매년 유명인사가 공연을 펼친다.

체코 영화는 세계적으로도 잘 알려져 있으며 세계적인 명성을 얻은 영화와 감독도 많다. 그중에는 아카데미상을 받은 감독이나 작품도 있다. 그리고 드보르자크, 스메타나 등 클래

남보헤미아에 있는 호화로운 신고딕 양식의 흘루보카 나트 블타보우 성

식 음악 작곡가의 음악도 유명하다. 그렇지만 체코의 대중음악은 이방인에게는 여전히 장벽이 높다. 대중음악을 이해하려면 체코어를 알아야만 하기 때문이다. 체코에서 인기 있는 뮤지컬 공연은 대부분 체코어로만 공연하고, 세계화를 하려는 의지는 거의 없는 것 같다.

과학기술 박물관

체코가 공학과 기술 발전에 공헌한 바를 생각하면 이런 주제를 다룬 박물관에 가보지 않을 수 없다.

프라하 중심부에 있다면 스테파니크 다리를 건너 블타바 강 건너편의 레트나 공원을 지나면 국립기술박물관에 도착한다. 이 박물관에는 다양한 기술 분야를 다룬 소장품이 상당히 많아 다 돌아보는 데에 하루가 다 갈 것이다.

기술박물관 바로 옆에는 국립농업박물관이 있다. 여기에서는 체코가 농업, 임업, 기타 관련 부문에서 공헌한 부분을 집중 조명한다.

항공에 관심이 많다면 프라하 외곽 북동부의 레트나니와 크벨리를 꼭 방문하도록 하자. 여기에는 세계에서도 유명한 크벨리 항공박물관이 있다. 박물관의 상당 부분은 군용기를 중점적으로 다루지만, 레트나니 공항 부지에서 조금만 걸어가면 나오는 Stará Aerovka도 놓치지 말자. 빨간색 노선의 지하철을 타고 레트나니 터미널까지 간 다음 도보로 25분 정도면 이 항공박물관에 도착할 수 있다. 아니면 레트나니 버스 정류장에서 박물관까지 가는 여러 버스를 이용할 수도 있다. 정류장 이름은 'Letecké muzeum'으로 승객이 요청해야지만 세워준다.

건강한 체코인

푸짐하기로 소문난 체코 요리와 뿌리 깊은 펍 문화에도(아니면 오히려 그 때문에) 체코인은 대체로 신체 활동을 활발히 하고 건강을 유지한다. 최근 들어 직원용 사내 운동 시설을 제공하거나 뛰어서 혹은 자전거를 타고 출근하는 직원을 위해 샤워실과 탈의실을 갖춘 기업이 늘고 있다.

체코인 대다수가 달리기, 자전거, 스키, 하이킹, 인라인 스케이팅 등을 많이 즐긴다. 다른 인기 있는 스포츠에는 암벽등반, 테니스, 축구, 카누, 플로어볼(실내에서 즐기는 하키 형식의 스포츠-옮긴이) 등이 있다. 수영장과 헬스장도 도심 지역 대부분에서 사용할 수 있다.

자연 속이나 공원에서 걷는 것도 신체적으로 매우 힘들지 않아 많은 사람이 즐긴다. 이렇게 걷기를 하려고 멀리 갈 필요도 없다. 브르노 북서부를 예로 들면 시에서 관리하는 저수지가 있고, 근처에 레크리에이션 활동을 할 수 있는 부지가 넓게 있다. 여름 주말에 이곳을 방문하면 저수지를 둘러싼 숲의 오솔길을 따라 달리거나 자전거를 타는 체코인을 많이 볼 수 있다. 저수지에서 수상 스포츠를 즐기는 사람도 많다. 수영, 패들

보딩을 하거나 카약, 배를 타는 것 등이 이곳에서 인기 있다.

체코 스포츠계의 전설 야로미르 야그르

전문 스포츠 부문을 살펴보면, 체코인이 수 세대 동안 많은 분야에서 세계적으로 스포츠 역량을 과시했다는 점을 빼놓을 수 없다. 체코의 젊은 세대에게는 자신이 우러러보고 롤모델로 삼는 체코인 스포츠 스타가 한 명씩은 꼭 있고, 체코 스포츠 팬에게 응원할 체코 선수가 없었던 적은 한 번도 없었다.

체코는 정기적으로 세계적 수준의 스포츠 경기를 주최한다. 아이스하키와 피겨스케이팅, 바이애슬론, 크로스컨트리, 승마, 테니스, 육상(트랙, 필드), 모터스포츠의 국제 경기장이 많고, 이런 경기장 대부분은 대중이 사용할 수 있다.

그렇다고 해도 체코 역시 다른 많은 선진국처럼 비만과의 싸움을 벌이고 있다. 건강을 생각하는 많은 체코인이 새로운 기술과 앱을 활용하여 자신의 신체 활동을 체크하는 모습을 보겠지만, 똑같은 기술 때문에 활동량이 줄어드는 사람도 있다. 특히 우려되는 부분은 소아비만이 늘고 있다는 점이다.

07

여행 이모저모

체코 여행은 대체로 안전하고 쉽지만, 도심지를 벗어나 여행한다면 언어 장벽이 문제가 될 수 있다. 체코는 유럽에서도 시외버스와 철도망이 가장 조밀한 것으로 알려져 있다. 도시의 대중교통 체계는 더 큰 지역 교통망에 포함된 경우가 대부분이므로 별도의 차량을 이용해서만 갈 수 있는 곳은 사실상 거의 없다.

북미와 유럽 시민이라면 체코에 방문하는 일은 어렵지 않다. 체코는 2007년부터 셍겐 조약에 가입했으므로, 북미인이 체코에 90일 미만 동안 비즈니스 외 목적으로 방문하려면 여권만 보여주면 된다. 이런 규정은 변경될 소지가 있으므로 미리 자국의 체코 대사관/영사관에 현행 규정을 확인하는 것이 필수이다. 여권 유효 기간이 셍겐 지역 내 전체 체류 기간과 90일보다 더 많이 남아 있어야 한다.

대부분 국제선은 프라하 바츨라프 하벨 공항에 도착한다. 프르노, 카를로비 바리, 오스트라바, 파르두비체 등에 이보다 규모가 작은 국제공항도 있다. 또한 슬로바키아의 브라티슬라바나 오스트리아 빈으로 입국하여 우등버스, 일반버스, 기차 등으로 체코에 입국할 수 있다. 버스나 기차로 입국하는 주요 지점은 여행 경로에 따라 브르노, 오스트라바, 플젠, 프라하가 될 수 있다.

체코 여행은 대체로 안전하고 쉽지만, 도심지를 벗어나 여행한다면 언어 장벽이 문제가 될 수 있다. 체코는 유럽에서도 시외버스와 철도망이 가장 조밀한 것으로 알려져 있다. 도시의 대중교통 체계는 더 큰 지역 교통망에 포함된 경우가 대부분이므로 별도의 차량을 이용해서만 갈 수 있는 곳은 사실상 거의 없다.

대중교통

체코의 도심 대중교통은 대체로 수준이 높고 매우 저렴하면서
도 효율적이다. 브르노, 올로모우츠, 오스트라바, 파르두비체,
프라하의 대중교통 웹사이트는 부분적으로 영어로 번역되어
있어 사용하기 용이하다. 모든 대중교통 정류장에는 해당 노
선의 시간표가 표시되어 있고, 규모가 큰 정류장 대부분은 전
광판이 설치되어 있어 다음 버스나 전차가 언제 도착하고, 어
느 노선인지 쉽게 확인할 수 있다. 또한 지자체 대중교통 중에
는 모바일 앱으로 시민들의 대중교통 이용을 돕거나 전자 티
켓 또는 패스를 발급한다. 브르노, 플젠, 프라하 대중교통에서
는 모두 모바일 앱 서비스를 제공한다.

　　대중교통 티켓은 저렴한 편이며 교통수단과 관계없이 사용
할 수 있다. 프라하에서는 티켓 하나만 있으면 버스, 전차, 지
하철은 물론이고 페트린 힐에서 케이블카까지 이용할 수 있다.
브르노에서는 버스, 트램(전차)뿐만 아니라 봄과 여름에는 저수

지 유람선까지도 똑같은 티켓으로 탈 수 있다.

전국 대부분 지역의 대중교통 승객은 규모가 큰 정류장에 설치된 티켓 판매기(동전 사용), 대중교통 전용 매표소 또는 담배[Tabák] 가게에서 티켓을 산다. 운전기사에게 직접 티켓을 구입할 수도 있지만, 이 경우 티켓값이 훨씬 비싸고 정확하게 값을 내야하며 체코어로 제대로 의사 표현을 해야 한다.

티켓을 사용할 수 있는 유효 기간과 구간이 다양하므로 대중교통 웹사이트에서 자신의 여행 기간과 구간을 확인하는 것이 좋다. 참고로 티켓 사용 기간은 처음으로 대중교통을 이용할 때 확인 기계가 타임스탬프를 찍은 순간부터 계산된다. 검표원[revizor]이 불시에 확인하려 할 수 있으니 항상 유효한 티켓을 소지하도록 하자. 검표원은 사복을 입고 철저하게 근무한다. 검표원 배지를 꺼내고 티켓을 보여 달라고 해야 알아볼 수 있다. 혹시라도 티켓 유효 기간이 지났다면 다음 정류장에서 검표원과 함께 하차하게 되고, 벌금 고지서가 발급되거나 현장에서 벌금을 내야 한다. 체코어를 못하고 검표원도 외국어를 하지 못하더라도 그런 언어 장벽 때문에 벌금을 면제받을 것이라는 생각은 접는 것이 좋다.

비접촉식 카드 결제가 가능한 티켓 자판기도 점점 많이 설치되고 있다. 비접촉식 결제 단말기를 활용하는 대중교통 차량도 많아져서 탑승 시 은행 카드로 요금을 낼 수도 있다. 브르노 대중교통을 예로 들면, Pípni a Jed′('삐 소리 후 탑승')라는 비접촉식 결제 시스템이 도입되어 카드, 스마트폰, 스마트워치 등으로 요금을 내고 탑승할 수 있다.

체코에서 대중교통 이용 시 알면 유용한 표현은 "zastávka na znameni"(요청 시 정차하는 버스 정류장)다. 이런 문구 뒤에 정류장 이름이 나오면 가까이에 있는 하차 버튼을 눌러 운전기사에게 하차 의사를 전달해야 한다. 자신이 서 있는 정류장의 표지판에 "na znamení"이라는 문구가 보이면 차량이 정류소에 접근할 때 운전기사에게 손짓해서 정차하도록 하면 된다. 어떤 정류장에서는 특정 시간대에만 "na znamení"가 적용된다. 이는 정류장 표지판에 24시간 시계 모양으로 표시된다.

택시, 기타 교통

체코, 그중에서도 특히 프라하의 택시 기사는 승객을 속이는 것으로 오랜 기간 악명이 높았다. 이런 행위를 근절하려는 노력이 많이 있었지만 말이다. 요즘에는 택시에 미터기와 GPS 위치추적 시스템을 설치하는 것이 의무화되었지만, 이것으로도 모든 문제를 방지할 수 있는 것은 아니며 많은 택시 기사가 이를 교묘히 피해 영업한다.

택시를 정말로 타야 하는 상황이 아니라면 타지 않는 것이 상책이다. 자신과 택시 기사가 서로 이해할 수 없는 언어를 사용한다거나 택시 기사가 탑승 전부터 가격을 두고 흥정하려고 한다면 그 택시는 타지 않아야 한다. 체코에서 택시를 이용하고 싶으면 체코 현지인을 동반하여 택시 기사와 필요한 이야기를 나누게 하는 편이 좋다.

최근 택시의 대안으로 볼트, 리프트아고, 우버 등이 나타나 체코 시장에서 저마다의 성과를 거두고 있다. 2021년 기준으로 우버의 영업 지역은 프라하와 브르노밖에 없었지만, 리프트아고와 볼트는 전국적인 영업망을 형성했다. 많은 사람이 이런 서비스가 택시보다 훨씬 낫다고 하지만, 기존 택시를 이용할 때 적용되는 주의사항은 승차 서비스에도 적용된다는 점을 기억하자.

공항과 호텔 사이를 이동해야 하고 짐이 많다면 택시보다는 공항 전용 운송 서비스를 이용하는 것도 생각해볼 만하다. 프라하에는 신뢰할만한 공항 운송 서비스 회사가 몇 군데 있다.

렌터카

체코 방문 중에 몇 개 도시만 집중적으로 여행할 계획이라면 렌터카는 이용하지 말자. 주차도 끔찍할 정도로 어려울 뿐더러 체코 운전자는 공격적일 가능성이 크다. 그런 고생은 사서 하지 않아도 된다!

당일치기 여행은 대부분 장거리 대중교통(기차, 버스 등)으로 쉽게 다녀올 수 있다. 그렇지만 하루 이상의 여행이나 인적이 정말 드문 곳으로 가야 할 때는 렌터카를 이용하는 것도 생각해 볼 수 있다. 세계적인 렌터카 대기업(에이비스, 버젯, 엔터프라이즈, 허츠, 내셔널, 식스트 등)이 체코에서도 영업 중이다.

미국과 체코에서 렌터카를 이용할 때의 차이점은 차량 크기이다. 미국에서 말하는 소형차는 유럽에서 말하는 소형차보다 크기가 크다. 또한 렌터카 기업이 적용하는 규정도 다르다. EU 법에 따라 렌터카 업체는 견적에 총비용을 표시해야 한다.

이에 반해서 미국 렌터카 업체는 부가 비용으로 다 빼놓기 때문에 총비용이 빠르게 늘어날 수 있다.

기차와 버스

체코의 국영 철도[CD]는 전국에서 효율적으로 편리하게 운영된다. 체코에서 기차만 타거나 기차와 버스를 갈아타고 가지 못할 곳이란 없다. 최근 철도 산업이 민간 철도 기업(레오 익스프레스, 스튜던트 에이전시 소유의 레지오젯 등)에 개방되면서 ČD는 경쟁에 직면하게 되었다.

티켓은 기차역과 버스 정류장에서 간단하게 구할 수 있다. 그러나 요즘에는 이보다 더 손쉽게 온라인으로도 티켓을 구할 수 있다. ČD, 레오 익스프레스, 스튜던트 에이전시/레지오젯 웹사이트는 모두 다양한 언어로 되어 있고, 사이트 탐색이나 교통편 예약이 어렵지 않다. 레오 익스프레스와 스튜던트 에이전시는 체코와 인접 국가에서 우등버스 서비스도 제공하고 있다. 최근에는 필릭스버스가 체코 우등버스 시장에서 새롭게 경쟁에 뛰어들었다. 또한 이런 업체들은 모바일 앱도 제공하여

돌니 로우치키 마을 인근 교외의 철교

앱에서 예약, 스케줄 확인, 타려는 기차나 버스의 도착 예상 정보 확인 등이 가능하다.

조금 더 모험심이 강한 사람이라면 IDOS 웹사이트와 관련 모바일 앱을 사용하면 (바로 이해하기는 어렵지만) 각 지역과 전국의 모든 기차나 버스 시간표를 즉시 체코어, 영어, 독일어로 확인할 수 있다. IDOS 사용법에 익숙해지려면 시간이 걸리지만, 체코에서 많이 활용되는 앱이며 사용법을 이해하고 나면 여행 일정을 짜기에 매우 유용하다.

승차 전에 버스 정류장이나 기차역이 목적지와 얼마나 떨

어져 있는지도 확인한다. 관광지라고 해도 역이 중심부에 없을
수도 있으므로 하차 지점에서 원하는 주요 관광지까지 어떻게
가면 되는지 미리 알아둬야 한다.

도보, 자전거, 스쿠터

시내를 돌아볼 때는 걸어 다니는 것이 가장 좋다. 프라하의 주
요 관광지는 다 걸어서 이동할 수 있는 거리에 있고, 지도에
표시된 것보다 훨씬 가깝다. 편안하고 지지력이 있는 운동화
를 신는 것을 추천한다. 모양이 고르지 않은 조약돌로 된 거리
는 발과 발목에 부담이 될 수 있기 때문이다. 프라하 이외의
다른 도시 대부분에는 보행자 구역이 따로 지정되는 등 훨씬
걸어 다니기 쉬울 수 있다.

체코 도시에서 공유 자전거를 활용할 수 있는 곳이 점점 늘
고 있다. 가장 대표적인 사례가 밝은 분홍색 자전거를 보유한
레콜라 공유 자전거 프로그램이다. 레콜라는 2020년 기준 7개
의 체코 도시에서 영업 중이다. 또 다른 공유 자전거 업체는
독일계 넥스트바이크인데, 2021년 기준 10개 도시에서 영업

중이다.

최근 일부 도시에는 전기 스쿠터가 도입되고 있다.

접근성

거동이 불편한 사람에게 체코는 쉽게 돌아다닐 수 있는 곳이 되지 못한다. 오래된 건물의 입구에는 대부분 계단이 즐비하고, 휠체어를 타고 이용할 수 있는 대중교통은 손에 꼽는다. 게다가 표면이 고르지 못한 자갈길은 위험성을 더욱 높인다. 엘리베이터가 설치된 프라하 시내 지하철역이나 대규모 ČD 역도 몇 개 있지만, 체코는 휠체어 사용자나 다른 특별한 요구가 있는 사람이 살기에 어려운 곳이다. 몇몇 비영리 단체가 체코 정부를 압박하여 전국적으로 접근성을 개선하기 위해 노력하고 있지만, 접근성 개선은 계속 뒷전으로 밀렸다. 다행히 지난 10년 사이에 새로 지어진 건물은 이전보다 접근성에 신경을 더 써서 설계한 경우가 많다.

장애인 방문객이 대중교통을 타거나 내릴 때, 시내를 돌아다닐 때 도움을 요청하면 체코인들은 대개 잘 도와준다. 다른 사람을 돕는 것이 몸에 밴 체코인들이니 걱정하지 말고 도움이 필요하면 요청하도록 하자.

길 찾기

체코의 도시를 방문하는 사람 대부분은 도시 중심부가 확대 표시된 일반 지도면 충분히 길을 찾을 수 있다. 그렇지만 시내 이외의 지역이나 먼 곳까지 출장을 가야 하는 경우라면 Mapy.cz 인터넷 홈페이지와 모바일 앱이 매우 유용하다. 이 사이트는 체코의 구글 지도에 해당하는 서비스로, 사용하기 쉽게 되어 있다. 검색하려는 주소의 이름과 번호를 검색창에 입력(발음 부호 무관)하고 도시를 설정한다. 그러면 확대와 출력이 가능한 지도에서 해당 주소가 검색된다. 또한 가까운 대중교통 정류장도 표시된다. Mapy.cz는 구글 지도보다 훨씬 최신 버전으로 체코 지도를 제공한다는 장점이 있다.

체코 시가지를 걸으면서 특정 주소를 찾다 보면 건물 대부분에 두 개의 숫자가 있어 헷갈릴 수 있다. 대체로 서로 다른 색상의 금속판(프라하에서는 빨간색과 파란색)에 쓰여 있는데, 금속

판의 색과 관계없이 전국에서 동일한 숫자 형식을 사용한다. 위에 있는 숫자는 구의 이름(číslo popisné 또는 č. p.)을 나타내고, 도시의 지자체마다 별도로 지정되며 토지 등기소에서 번호를 발급한다. 아래쪽에 쓰인 번호는 주택 번호와 거리 이름과 함께 방향을 나타내는 번호(číslo orientační 또는 č. o.)이다. 거리나 광장마다 고유한 번호가 부여된다. 일상에서는 거리 이름과 방향 번호만 알면 길을 찾을 수 있다.

숙박

체코에서는 숙소 점수 체계를 철저하게 관리하는 편이 아니므로 호텔이나 다른 숙박업소의 별 개수가 투숙객의 기대치와 일치하지 않는 경우가 있다. 그래도 숙소는 대체로 깔끔하고 만족스러운 편이다. 그렇지만 특히 성수기의 프라하에서 숙박비는 예전처럼 가성비가 뛰어나다고 할 수 없다. 다른 서유럽 주요 도시의 호텔보다 약간 싼 값에 호텔에 묵는다고 생각하면 된다. 호스텔은 예산이 빠듯한 여행객에 여전히 인기가 높지만, 그만큼 빨리 자리가 찬다. 그리고 여름에는 숙소 예약이

프라하 중심부에 있는 아우루스 호텔

필수이다.

체코에서는 다양한 유형과 등급의 숙소를 이용할 수 있다. 모든 성급의 호텔을 비롯하여 여행객을 위한 호스텔과 아파트도 있다. 모험심이 있는 사람이라면 에어비앤비와 카우치서핑을 이용해 보는 것도 한 방법이다.

그렇지만 체코식으로 여행해 보고 싶다면 아침 식사가 제공되는 민박집[penzion]으로 숙소를 잡아보자. 특히 교외 여행 시 이런 숙소에서 머무르면 매우 매력적이고 인상적인 경험을 할 수 있다. 예약하기 전에 주인과의 의사소통에 문제가 없는지만 확인하면 된다.

도시이기는 하지만 시내에서 좀 떨어진 곳에 머무른다면 동네가 어떤 곳인지보다는 대중교통 정류장이 얼마나 가까운지가 더욱 중요하다. 대개 시내 숙소가 교외 숙소보다 요금이 높으므로, 시내에서 떨어져 있어도 교통편이 편리한 곳에서 숙박하면 편안하게 여행할 수 있다. 다만 숙소를 고를 때 가장 가까운 대중교통 정류장까지의 거리와 시내로 이동 시 얼마나 갈아타야 하는지를 잘 살펴보도록 한다. 시내까지 가는 데 편도로 한 시간 정도 걸리는 숙소라면 아무리 숙박료가 저렴해도 총비용을 따져보면 그렇지 않을 수 있다. 그리고 일반 대중교통은 밤에 운행을 아예 하지 않거나 심야에 운행하는 노선이 제한적이기 때문에, (여행하려는 지역에 심야 대중교통 서비스가 있다면) 자신의 숙소 근처 정류장까지 심야 대중교통이 운행하는지 알아본다.

건강

체코 여행 시 특별히 맞아야 할 백신이나 건강상의 주의점은 없다. 수돗물은 대체로 마셔도 안전하지만, 일부 지역에서는 맛이 그다지 좋지 않을 수 있다. 의료 전문가의 교육과 기술 수준이 상당히 높아 의료 서비스도 질이 좋지만, 많은 체코인조차도 의료진이 환자를 대하는 측면에서 개선할 점이 많다고 여긴다.

교외에서 야외 활동을 많이 하고 싶다면 미리 진드기로부터 전염되는 뇌염을 예방하는 백신을 맞거나, 최소한 입국하자마자 진드기 예방에 특화된 벌레 퇴치제를 구매하도록 한다.

EU 지역 시민이 아닌 자로서 90일간 체코를 여행하는 사람이라면 여행자 보험은 필수이다. EU 지역 시민은 상호 조약으로 보장이 된다. 규정이 바뀔 수 있으므로 현재의 건강보험 요건이 어떻게 되는지 체코 영사관이나 대사관에 확인하도록 한다. 또한 여행 중 치료가 필요할 때 어떻게 해야 할지 확인한다.

안전

【 환전하기 】

방문객이 체코에서 직면하는 가장 큰 위험 중 하나는 환전 사기이다. 특히 프라하 중심부가 악명이 높은데, 관광객이나 외국인이 많은 곳이라면 어디든지 사기 치는 환전상을 볼 수 있다. 2019년 초에 환전 사기 피해자 보상을 위한 법안이 시행되었다. 이 법에 따르면 피해자는 환전 후 3시간 이내에 자신이 환전했던 곳으로 가서 환전을 취소할 수 있다. 취소 가능 시간(3시간)이 환전소가 발행한 환전 영수증에 명시되어야 한다. 이 법이 실질적으로 얼마나 효과가 있는지는 시간이 지나야 알 수 있겠지만, 갈수록 환전상 때문에 번거로운 일은 줄어들고 있다.

환전하는 가장 좋은 방법이자 유일하게 추천하는 방법은 ATM(체코어로 bankomat)에서 자국 통화를 코루나로 환전하여 인출하는 것이다. ATM은 입국 장소(공항, 기차역, 국경 지대)에서 쉽게 찾을 수 있으며 ATM 업체와 은행 수수료만 내면 일반적인 환율로 환전할 수 있다. 출국 전에 은행에서 해외 출금 시 수수료가 얼마인지, 체코 ATM에서도 거래 은행의 서비스를 사용할 수 있는지를 확인하는 것이 좋다.

반드시 현지에서 환전해야 하는 경우라면 세계적인 명성이 있는 기관이나 은행에서 한다. 고시 환율이 다른 곳보다 저렴하지는 않다고 해도, 수수료가 합리적이며, 환전 금액이 적을수록 수수료가 높거나 하는 등의 숨겨진 조항이 없다. 거리에서 환전하는 일은 절대로 피해야 한다. 이는 불법일 뿐만 아니라 강도에 노출되어 위험할 수도 있다. 그리고 체코에서 사용하지도 않는 예전 통화로 환전하게 될 수도 있다.

체코에서도 신용카드 결제가 점점 보편화되고 있지만, 북미 지역만큼은 아니다. 신용카드 사용이 가능한 곳에는 익숙한 스티커가 문에 부착되어 있지만, 물건을 사거나 주문하기 전에 카드를 받는지 미리 확인하는 것이 좋다. 아메리칸익스프레스보다는 마스터카드와 비자를 이용할 수 있는 곳이 더 많다. 어떤 곳에서는 카드 결제 고객에게 가장 '싼' 가격으로 판매하지 않기도 한다. 카드 수수료도 내야하고 조세 당국에 거래 기록이 남기 때문이다. 또한 외국 통화 결제 수수료를 미리 카드사에서 확인하는 것이 좋다. 보통은 결제 건당 2~3%의 수수료가 부과되는데, 이용 약관에 작은 글씨로 되어 있어 알아보기어렵다.

【 소지품 지키기 】

프라하 관광청 공무원, 그리고 수많은 운 나쁜 관광객에게는 안타까운 소식이지만, 프라하가 경범죄의 온상이라는 오명은 터무니없는 이야기가 아니다. 체코에서 밤에 다니면 위험하거나 방문객이 실제 신체적인 위험에 빠질 수 있는 지역은 극소수이지만, 벌건 대낮에 강도나 소매치기를 당할 가능성은 결코 무시할만한 수준이 아니다.

이런 범죄와 사기 사건이 끊임없이 일어나는 주 무대는 대개 지하철이나 전차, 구시가지 광장과 같이 사람이 많이 몰리는 관광지, 붐비는 식당 등이다. 도둑들은 자신의 도둑질을 일종의 예술의 반열에까지 올려놨다. 그래서 많은 사람이 지갑을 도둑맞았는지도 모르고 한참이 지난 후에 돈을 쓰려고 지갑을 찾다가 그제야 지갑이 없어졌음을 깨닫는다.

보통 신문으로 부스럭거리는 소리를 내거나 지도를 들고 길을 묻는 식의 도둑질은 붐비는 열차에서 벌어지며, 3~4명이 한 조로 움직인다. 첫 번째 사람이 큰 소리로 신문을 부스럭거리거나 지도를 들고 길을 묻는 척 다가와 피해자의 주의를 끈다. 그동안 피해자의 뒤에 있는 사람이 지갑이나 주머니에서 소지품을 빼내고, 이를 도망자 역할을 하는 세 번째 사람에게 몰래 넘긴다. 간혹 네 번째 사람이 도둑질이 들키지 않도록 주변의 시선을 차단하는 역할을 맡기도 한다.

또 다른 흔한 사기는 서명운동이다. 어떤 사람이 서명판을 들고 다가와 친절하게 서명과 기부를 요청한다. 이 '서명' 용지에는 미리 몇 개의 서명을 채워두어 신빙성을 더한다. 당연히 이런 서명은 거짓이고, 기부한 돈은 그들의 호주머니 속으로 들어갈 것이다. 이런 사기가 소매치기를 위한 눈속임용일 경우도 있다. 서명 받는 사람이 주의를 끄는 역할을 하는 것이다.

프라하를 방문하는 사람만 이런 범죄의 피해자가 되는 게 아니다. 평범한 체코인과 오랫동안 체코에 거주한 외국인조차도 도둑질 피해자가 되기 쉽다. 이런 범죄로부터 자신을 보호하려면 경계심을 갖추는 수밖에 없다. 옷 속에 복대를 차고 현금, 신용카드, 신분증을 보관하는 것이 가장 안전한 방법이다. 호텔이나 호스텔에 도착하면 귀중품을 보관할 금고가 있는지 물어보고, 숙소가 안전하지 않다고 여겨지는 경우를 제외하고 여권은 절대 휴대하지 않는다. (외국인은 여권을 휴대해야 한다고 하지만, 첫 페이지 사본만 있어도 충분하다) 작은 손가방을 가지고 다녀야 한다면 몸에 걸치거나 방문하는 식당, 카페 등의 가구에 묶어 둘 수 있는 끈이 달린 가방을 사용하는 것이 좋다. 지갑은 절대로 뒷주머니에 넣고 다니지 않는다. 심지어 앞주머니도 안전하지 않다. 식당이나 카페에서 외투를 벗어두어야 할 때는 외

피세크시 경찰서

투 주머니에 귀중품을 넣어 두면 안 된다.

범죄의 피해자가 되었다면 경찰에 신고하면 어느 정도의 동정심과 함께 신기하게 생긴 경찰 신고서를 받을 수 있다. 그렇지만 도난당한 소지품을 되찾을 확률은 거의 없다. 그렇다고 해도 카드사에서 경찰 신고서

를 요청할 수 있다. 경찰에서 번역을 제공하기는 하지만 서비스가 제공되기까지 시간이 오래 걸릴 수 있다. 여권을 분실했다면 대사관이나 영사관으로 바로 가도록 한다. 여권 재발급에 필요한 서류를 준비하는 데에 시간이 걸릴 수 있기 때문이다. 필수 서류의 사본을 별도의 장소에 보관하거나 믿을 만한 친구나 가족에게 맡겨두면 과정을 단축할 수 있다.

체코의 어디를 여행하든 특히 주중 아침과 점심 러시아워에 대중교통을 탈 때는 항상 주의해야 한다. 이때가 전차를 타는 사람이 가장 많아 소매치기가 활개 치는 시간대이기 때문이다. 가방을 어깨나 등에 메고 있다면 앞으로 메서 가방의 지퍼와 잠금장치가 제대로 닫혀 있는지 확인한다.

08

비즈니스 현황

체코는 경제가 다각화되어 있는 친기업 국가이다. 주요 산업 분야는 서비스, 기술, R&D, 제조, 관광이다. 체코인은 직업의식이 강하고, 이들과 비즈니스를 하려면 시간관념이나 준비성 같은 품성을 갖추는 것이 매우 중요하다.

체코는 경제가 다각화되어 있는 친기업 국가이다. 주요 산업 분야는 서비스, 기술, R&D, 제조, 관광이다. 체코인은 직업의식이 강하고, 이들과 비즈니스를 하려면 시간관념이나 준비성 같은 품성을 갖추는 것이 매우 중요하다. 노동조합이 있기는 하지만 대다수 노동자는 노동조합에 가입하지 않았거나 가입해야 한다는 압박을 받지 않는다.

그동안 체코 재계와 노동시장이 세계화의 영향에 노출되기는 했지만, 체코의 전반적인 비즈니스 문화를 비롯하여 상대 체코 기업과 해당 기업의 문화를 철저히 조사하는 것이 사업을 하려는 외국인에게 점점 중요해지고 있다.

신구 스타일의 조화

오늘날 체코의 비즈니스 문화에는 대체로 오스트리아와 독일의 오랜 관습에 바탕을 둔 오래된 방식과 최근 많은 선진국에서 보편화된 현대적이고 직원 친화적인 철학과 트렌드가 혼재한다. 사회주의 몰락 이후 체코 민법이 여러 번 개정되면서 사회주의 시절의 사업 관행을 상당히 많이 없앴다. EU에서 수년

바츨라프 파섹, 전 Elektrarny Opatovice 석탄발전소 CEO

간 추진했던 개혁도 체코뿐만 아니라 다른 EU 국가에서 비즈니스의 일부 영역에 영향을 미쳤다.

체코 기업이 오래된 방식이나 새로운 방식 중 어느 방식으로 비즈니스를 하는지는 세대 차이도 관련이 있다. 그렇지만 산업 분야, 기업주의 나이와 출신 등도 비즈니스 방식에 영향을 미치는 요인이다.

체코에서 비즈니스를 할 때 학위의 중요성과 명함 교환에 관한 조언이 많은데, 이 두 가지 내용은 지금도 유효하다. 그렇지만 IT같이 현대적인 분야에서 일하는 젊은 세대를 상대한다

새로운 세대인 체코의 전자상거래 기업가

면 학위를 별로 중시하지 않는 점을 알게 될 수도 있다. 특히 젊은 세대는 직접 만나 명함을 교환하기도 전에 링크드인으로 1촌 초대를 보내 연락할 것이다. 사무실에서 종이를 사용하지 않고 쓰레기 배출량을 줄이고자 하는 기업에서 일할 경우, 명함이 아예 없을 수도 있다.

오래된 방식으로 일하는 기업이든 아니든, 체코로 출국하기 전과 체코에 도착한 후에 번잡한 절차를 많이 거치게 될 테니 이에 대비하는 것이 좋다. 또한 기업 구조가 수직적이라는 점도 미리 인지하자. 수평적인 조직 체계를 갖추었다고 해도 생각했던 것보다 훨씬 수직적일 수 있다. 또한 체코에서 비즈니스를 하려면 인내심은 필수 덕목이다.

미팅 준비

체코로 출장을 계획할 때는 특히 피해야 할 시기가 있다. 체코 국경일과 출장이 겹치지 않도록 휴일(3장 참조)을 확인한다. 외국계 기업 대다수가 국경일에도 운영하기는 하지만, 그런 날에는 자원자만 근무하며 대부분 노동자는 휴일과 휴일 전후로도 며칠 휴가를 간다. 크리스마스부터 새해까지는 특히나 업무량이 많이 줄어든다. 단, 회계연도 마감일인 12월 31일은 예외이다. 따라서 이 시기는 체코로 출장 가기에 좋지 않다.

미팅을 잡을 때는 금요일 오후는 피해야 한다. 체코에서는 날씨가 좋을수록 주말이 일찍 시작되며, 체코인은 미처 마무리하지 못한 일을 정리하거나 힘이 많이 들지 않는 일에 한 주의 마지막 근무 시간을 할애하면서 주말 모드로 마음을 전환하는 경우가 많다. 대개는 주중에 정해진 근무 시간보다 한두 시간 더 일하고 금요일 오후에 일찍 퇴근한다.

업무 시간 이야기를 하자면, 체코인 동료는 너무 이르다고 느껴질 수도 있는 시간에 미팅하자고 할 수 있다. 체코인은 오후에 일찍 퇴근하거나 업무 부담이 적은 일을 오후에 하려고 오전 8시 전부터 근무를 시작한다. 어떤 사람은 체코인이 이렇게 일찍부터 일하는 경향이 오스트리아-헝가리 제국 시절에 기인한다고 주장한다. 불면증에 시달리던 프란츠 요제프 2세가 오전 6시부터 업무를 시작했고, 그에 따라 전 국민이 이를 따를 수밖에 없었다는 것이다. 세계화와 업무수행 방식 현대화로 일찍 업무를 시작하는 것이 근무 시간 유연화로 여겨지고, 재택근무가 인기를 얻고 활성화되고 있지만, 여전히 많은

ISBNPA 웨비나 중 발언을 경청하는 모습

체코인은 이 오랜 습관을 유지하고 있다.

미팅을 준비할 때 명심해야 할 두 가지 사항은 미팅 일정을 사전에 확정하고 미팅 시간을 지켜야 한다는 것이다.

체코 비즈니스 문화는 사전에 이야기하지 않고 그냥 '연락'할 수 있는 분위기가 절대 아니다. 미팅 전에 만날 상대에게 시간과 날짜 선택지를 여러 개 제시하여 선택할 수 있도록 한다.

체코인의 시간관념이 독일인만큼 명성이 자자하다고는 할 수 없지만, 체코인은 시간을 잘 지키는 일을 상당히 중요하게 생각한다. 미팅에 가는 중인데 10분이나 그 이상, 또는 미팅 일정을 다시 잡아야 할 정도로 늦을 것 같다면 즉시 미팅 상대방에 연락해야 한다. 연락 없이 미팅에 늦거나 오지 않는 일은 비즈니스든 아니든 체코인에게 잘 받아들여지기 어렵다.

또한 체코인은 대체로 준비성이 철저한 편을 선호한다. 종이가 어지럽게 섞여 있다거나 되는대로 만든 파워포인트로 프레젠테이션을 한다면 신뢰도가 하락할 것이다. 사전에 프레젠테이션 연습을 충분히 하고 예상 질문에 대한 답변도 준비하도록 하자.

스카이프, 줌 등의 프로그램으로 온라인 미팅에 초대한다고 놀랄 필요는 없다. 대면 미팅을 하는 것과 같은 주의사항을 적용하면 된다.

언어 장벽

사회주의가 몰락한 이후 30년간, 체코인은 제2외국어 실력을 갈고닦았다. 그래서 체코에서 비즈니스를 할 때 필수로 고려해야 했던 언어 장벽을 이제는 걱정하지 않아도 될 정도가 됐다. 특히 이전 세대보다 제2외국어를 배울 더 나은 기회가 훨씬 많은 젊은 세대는 더욱 그렇다.

그렇다면 자신이 쓰는 언어로 체코에서 비즈니스를 할 수 있을 것으로 생각해도 되는 것일까? 절대 아니다. 특수한 용어나 법적인 문제가 있는 게 아니라면 통역사를 고용할 필요는 없다. 그렇지만 양쪽이 모두 편안하게 사용할 수 있는 언어를 하나 정해야 한다.

영어는 체코에서 가장 인기 있는 제2외국어이며 많은 사람이 유창하게 영어를 한다. 프랑스어, 독일어, 이탈리아어, 스페인어도 많이 배운다. 러시아어를 하는 것도 하나의 선택지일 수는 있다. 그러나 러시아어를 할 때는 조금 더 세심해져야 한다. 연배가 있는 체코인은 대부분 사회주의 시절에 강제로 러시아어를 배워야 했던 기억이 있기 때문이다. 이들은 러시아어를 유창하게 하더라도 별로 사용하고 싶어 하지 않을 수 있다.

체코 입국 시 여권, 비자, 예방 접종 등이 꼭 필요하지 않을 수는 있지만, 세관 규정이나 관련 절차를 미리 알아두는 것이 번역 측면에서 도움이 된다. 절차와 규정의 바다를 헤쳐가려면 상당한 시간이 걸리기 때문이다. 자신의 국가와 비즈니스 성격에 따라 출장 전에 문서를 체코어로 번역해야 할 수도 있다.

체코인과 서로가 이해하는 언어로 비즈니스를 할 수 있지만, 출장 전에 몇 가지 기본적인 체코어 표현을 익혀두면 상대방의 호감을 살 수 있다. 체코인은 체코어가 배워서 쓰기에 얼마나 어려운지 잘 알기 때문에, 외국인이 체코어 단어나 표현을 사용하려는 시도에 진심으로 고마워한다.

자기소개

체코인은 자기소개와 인사 시 악수를 한다. 성별과 관계없이 어느 상황에서든 처음에 자기를 소개하면서 상대방의 눈을 바라보며 손을 꼭 잡고 악수하는 것은 체코인과 좋은 관계를 형성하는 첫걸음이다.

특히 회사나 행사에서 일정한 권한이 있는 직위에 있다면 상대방에게 건넬 명함이 있으면 좋다. 체코 비즈니스 문화에서 학위가 갖는 중요성은 점점 줄어들고 있지만, 조직 구조에서 얼마나 높은 지위에 있는가는 여전히 중요하게 여겨진다. 자신에게 의사 결정권이나 승인 권한이 있다면, 직함이 표기된 명함이 관계 수립에 도움이 된다.

체코 비즈니스 문화에서 선물을 주는 일은 거의 없다. 자신이 그런 문화권에서 왔다면 선물 가격을 500코루나 이하로 제한한다. 첫 미팅 자리에서 선물을 주고 싶다면 회사 로고가 들어간 판촉물을 몇 가지 챙겨 가면 된다. 체코인 비즈니스 파트너와 관계를 쌓은 후에는 크리스마스에 카드나 작은 선물을 보내면 좋다(필수는 아니다).

첫 미팅 자리에 입고 갈 옷의 경우, 상대 기업의 기업 문화가 어떤지 미리 조사하는 게 매우 중요하다. 회사 웹사이트, 소셜 미디어 페이지(있는 경우) 등을 방문하여 사무실 분위기가 어떤지 살펴보고 무엇을 입을지 결정한다.

그래도 잘 모르겠으면 지나치다 싶을 정도로 조심하는 편이 더 낫다. 남성은 양복과 넥타이에 좋은 구두를 신고, 여성은 블라우스, 블레이저에 스커트나 정장 바지를 입고 아름다운 신발을 신는 등 정장 차림으로 가면 된다.

그리고 꼭 정장을 입을 필요가 없다고 하더라도 회사에서 높은 직책에 있다면 완전히 캐주얼하게 입지 않는 편이 좋다. 직장 내 복장은 비즈니스 캐주얼이 보통이다.

첫 미팅에 많은 이야기를 할 수 있으리라 기대하지 말자. 서먹함을 깨고 서로가 편안한 상태에서 서로 더 알아가기 위한 사교적인 이벤트일 가능성이 크기 때문이다. 물론 예외도 있지만, 체코인은 곧바로 '비즈니스에 돌입'하는 편은 아니다.

위계, 직함, 지위

체코 비즈니스 문화에서는 많은 기업이 수평적인 조직 구조를 도입하려고 했지만, 여전히 수직적인 부분이 많이 남아 있다. 그러니 누가 '권위자'인지 알아내는 것은 일도 아니다.

많은 체코 기업이 복잡성과 경직된 권력 구조를 없앴다고 하지만, 위계는 여전히 중요하게 여겨진다. 기업 내부의 권력

구조는 대체로 명확하게 눈에 보인다. 특별히 이야기를 듣지 못했다면 회의실에서 나이가 가장 많은 남성이 권위자라고 봐도 무방하다. 명함(직함을 실제로 읽지 못하더라도 개수를 파악한다)도 중요한 단서이다.

권위자를 존중하는 기본적인 룰(먼저 상급자와 악수하기, 가능한 한 많이 눈 마주치기, 부하 직원 앞에서 상급자의 권위를 의심하지 않기 등)을 지키는 한편, 체코로 출장 간 사람은 체코 비즈니스 파트너의 존중도 얻어내야 한다. 소속 기업의 문화가 공식 직함에 큰 의미를 두지 않는 편이라면 자신의 지위를 말해야 할 때 불리할 수 있다. 신뢰도를 높이려면 자신이 취득한 자격을 이야기하는 것도 필요하다.

앞서 말했듯이 사회주의가 무너질 당시에 어린이였거나 아직 태어나지 않았던 체코 남성은 대체로 부모 세대보다 마초주의가 덜 하고, 직장 내 여성에 더 호의적이며 동등한 동료로서 대한다. 젊은 세대(남성과 여성 모두)가 체코 기업의 중역 자리에 오르면서, 체코에서 비즈니스를 할 때 여성은 이전보다 더 금방 진지하게 받아들여진다.

프레젠테이션

앞서 체코인이 준비성과 시간관념을 중시한다는 점을 이야기했다. 프레젠테이션을 정시에 시작해서 예정된 시간에 끝내고, 발표 자료를 숙지하도록 하자. 그리고 가능하면 발표 장소에 일찍 도착해서 시각 자료나 기술 보조 자료가 제대로 작동하는지 확인한다.

여러 명의 체코인 앞에서 발표하는데 이들이 조용히 앉아서 듣기만 하고 질문이 없다고 해서 낙담할 필요는 없다. 이런 태도는 사실 발표에 매우 관심이 있지만, 예의를 차리는 것일 뿐이다. 또한 발표자를 존중하여 발표자가 중간에 잠시 멈추거나 발표가 완전히 끝나고 질문할 차례를 기다리는 것이다.

반대의 경우라면 체코인 발표자에게 똑같이 예의를 차리는 것이 좋다. 다른 사람의 말을 끊고 질문을 하거나 이의를 제기하며 논쟁을 자주 하는 문화권 사람에게는 힘들 수 있다.

그리고 큰 목소리로 격한 보디랭귀지와 손 제스처를 많이 쓰며 표현을 풍부하게 하는 문화권 사람이라면 의식적으로 이런 행동을 자제해야 한다. 체코인은 보통 그런 스타일을 반기지 않기 때문이다. 마찬가지로, "너무 좋은 질문이네요!"와 같은 열정적이거나 격려하는 말을 습관적으로 쓴다면 자제하도록 한다. 대다수 체코인은 이런 방식이 잘난 체한다고 생각하므로, 이런 방식은 신뢰도가 하락할 가능성이 크다.

협상

체코인과 협상 시 제대로 된 태도로 임하지 않으면 협상이 길어지고 실망스러운 결과를 얻을 수 있다. 협상에 시간이 다소 걸리고, 간단히 끝날 수 있는 일이 아니라고 생각하는 것이 좋다. 체코 기업 문화의 수직적 성격 때문에 협상 담당자가 거래를 승인받는 과정에서 지연이 생길 수 있다. 따라서 담당자가 결정권자의 결재를 받을 때까지 기다려야 할 수 있다.

계약을 성공적으로 체결하기 전에 가격, 결제 방식, 통화 등을 놓고 어느 정도 흥정이 있을 것이다. 유로화로 비즈니스를 하더라도 놀라지 말자. 많은 체코 기업인은 국제적으로 비즈니스 거래를 할 때 편의를 위해 유로화를 선호한다.

복잡한 절차와 관료주의 장벽을 피할 수는 없으며, 체코는 거의 모든 방면에서 과도할 정도로 관료주의가 심하다. 그런 부담을 줄이려는 노력이 수년간 이어졌지만, 여전히 체코인과 외국인에게 골칫거리로 작용한다. 특정 거래에 필요한 사항을 정확하게 파악하기 위해 여러 기관을 돌아다니며 확인에 확인을 거치는 일도 다반사다.

체코 관료주의에 더해 EU의 관료주의도 상대해야 할 수 있다. 특히 EU에서 일부 혹은 전적인 자금 지원을 받는 사업일 경우에는 더욱 그렇다. 이런 측면이 있는 거래를 할 때 체코 담당자가 추가 서류 작업이 많다고 대놓고 불평하거나 EU가 그저 힘이 있다는 이유로 삶을 어렵게 만든다고 퉁명스럽게 불만을 표해도 놀랄 필요가 없다.

협상 시에는 각자의 책임과 기대치를 명확하게 설정하는 것이 중요하다. 사람들에게 구체적인 업무를 할당하고, 협상이 마무리된 후에 양측이 동의한 사항을 공유하는 것이 가장 안전한 방법이다.

계약 협상 시 추가로 시간과 공을 들이는 것은 절대 쓸데없는 일이 아니다. 초반에 제대로 해야 나중에 관료주의에 빠져 다시 여러 기관에 발품을 팔아야 하는 일을 막을 수 있기 때문이다. 체코 담당자와 동료는 철저한 준비성에 감사하면서도 안심할 것이 분명하다.

계약

체코에서 계약은 매우 중요하다. 체코 기업과 하는 모든 거래에서 계약서를 작성해야 하므로 계약서의 내용이 길고 상세하며, 체결하기까지 상당한 시간이 걸릴 것임을 감안한다.

체코는 국제물품매매계약에 관한 유엔협약^{CISG} 가입국이다. 따라서 국제 비즈니스 계약 시 체코 기업은 국내법보다 이 협약을 따른다. 그렇지만 CISG는 계약서 작성과 수정이 상당히 자유로운 편이다.

통역사 없이 협상을 진행할 수 있더라도, 법적으로 체코와 외국어로 계약서를 작성하게 되어 있으므로 계약서 작성 시에는 번역사가 필요하다. 어느 언어로 된 계약서에 법적 지위를 부여할 것인지 정하는 것이 중요하다. 체코와 영어로 된 계약서가 작성될 수 있지만, 때에 따라 법적으로는 체코어 계약서가 영어 계약서에 우선할 수도 있다. 이런 상황이 이상적인 것은 아니지만, 가능하면 독립적인 전문가가 양쪽 언어로 된 계약서를 읽고 비교해야 한다고 하거나 영어 계약서만 쓰자고 제안하는 것이 좋다.

계약서를 작성하는 과정을 거치면 그다음에는 계약서에 서명하는 과정을 많이 거친다. 체코 측에서 격식을 갖춰 서명하는 모습을 많이 보게 될 것이다. 이는 계약서에 서명하는 사람이 계약서 서명뿐만 아니라 회사의 법인 도장까지 찍을 가능성이 크기 때문이다. 이런 기업 문화는 사람의 전문적, 학문적 지위가 매우 중시되던 시절부터 지금까지 이어지고 있다.

계약서 작성 과정에서 관료를 상대할 때 공증인의 도장이 하나 이상 필요하게 될 것이다. 체코 전국에 공증인이 있으며, 이 일만으로도 충분히 먹고사는 사람이 많다. 서명과 도장 날인이 된 계약서 원본을 잘 보관하는 일은 필수이다. 보통 체코

• 도장을 사랑하는 체코인 •

체코인의 도장 사랑은 매우 유명한 체코 영화에서도 묘사되었다. 보흐밀 흐라발의 동명 소설을 각색한 이리 멘젤의 1966년 뉴웨이브 대작 <가까이서 본 기차>는 1967년 아카데미 외국어영화상을 받았다. 이 영화에는 여러모로 독특한 도장 장면이 나온다. 등장인물 중에 중년의 호색적인 열차 운행원이 있는데, 그는 예쁘고 젊은 서신 교환원을 유혹하려고 공식 철도 도장을 활용한다. 그는 여성이 견디기 어려울 지경까지 다리와 등에 도장을 계속 찍어댄다.

인은 사본에 공증을 받은 경우가 아니면(이조차 인정하지 않을 때가 있다) 사본을 인정하지 않는다.

분쟁 처리

체코는 국제 비즈니스 계약에서 CISG 가입국임과 동시에 다른 국제 중재 협약에도 가입했다. 계약 조항 위반 문제를 해결할 때 이런 중재 협약을 체코 국내법보다 우선할 수 있다. 그러나 계약서에서 체코 국내법을 우선한다고 했다면 소송 시 장기전을 각오해야 할 것이다. 체코 법원은 사건 심리를 진행하기까지도 오래 걸리지만, 사건 진행 중에도 시간이 오래 걸리기로 유명하다.

협상 과정에서 분쟁이 발생하면 미팅 장소 외에서 일대일로 해결하는 것이 상책이다. 특히 상급자의 권위에 도전하는 내용이라면 더욱 그래야 한다. 체코의 수직적 기업 문화를 생각하면, 부하 직원이나 동료 앞에서 정면으로 이의를 제기하는 것은 공격으로 여겨져 협상 과정 전체가 수렁에 빠질 수 있다.

자신이 체코 직원을 둔 외국인 관리자라면, 직장 내 갈등 해결 방식은 갈등 상황에 관한 회사 방침이나 노동조합 가입 여부에 따라 달라질 수 있다. 심리적인 차원에서, 부하 직원의 존중을 받으려면 다른 직원 앞에서 질책하는 일은 절대 하면 안 된다. 직원을 질책해야 하거나 직원 간 갈등을 해결해야 한다면 관련 직원과 따로 이야기를 나누도록 한다.

직무 만족도

대부분 체코인, 그중에서도 구식으로 운영되는 기업에 다니는 사람은 다른 직원에게 업무를 떠넘길 수 있으면 자신이 나서서 업무를 맡으려 하지 않는다. 또는 사업을 더 큰 맥락에서 보지 못하고 자기 할 일만 바라보는 경향이 있을 수 있다. 기본적으로 이들은 "그냥 일이니까."라던가 "그냥 여기서 일만 할 뿐인걸."이라는 태도를 보인다.

현대적인 경영과 직원 동기 부여 정책을 가진 기업의 젊은 직원에게는 직무 만족도라는 개념을 주입하기가 상대적으로 쉽다. 그러나 매우 낮은 실업률 때문에 많은 고용주는 성과가 좋지 않은 직원이라도 해고 결정을 내릴 때 많이 고민한다. 후

임자를 찾기가 쉽지 않기 때문이다. 그래서 기업 차원에서 의욕이 별로 없는 젊은 체코인 직원의 고용을 유지하면서 해당 직원을 자세히 주시해야 하는 상황이 생겼다. 어느 경우든 간에 일을 시작하기 전에 해당 사업에 관여하는 모든 구성원의 역할을 명확하게 서면으로 정리하는 것이 상책이다.

어울리며 일하기

앞서 살펴봤듯이 체코인은 대체로 일과 삶의 균형을 건강하고 탄탄하게 유지하는 편이다. 체코에서는 비즈니스와 즐거움이 꼭 동반되지만은 않는다.

젊은 체코인 동료는 최소 한 번은 점심 식사에 여러분을 초대할 것이다. 이런 점심 식사는 일을 중단하고 서로 친해지며 식사를 즐기는 자리이다. 체코에서 '점심을 먹으며 업무'를 보는 일은 거의 없다. 식사 장소는 대체로 맥주를 마실 수 있는 곳으로, 이들은 식사에 맥주를 곁들일 것이다. 다른 나라에서도 그렇지만, 술에 취해 사무실로 돌아가는 일은 용납되지 않는다. 체코 맥주를 처음 마시거나 술을 잘하지 못하는 사람이

라면 용량이 적은 맥주나 무알코올 음료를 점심에 곁들이면
된다.

체코인 동료가 사적으로 친해질 기회를 먼저 마련하지 않
는다면 일부러 그런 상황을 강요하지 않는 것이 좋다. 체코인
은 자국에 대한 자부심이 대단하고, 어떤 사람은 외국인에게
퇴근 후에도 체코의 자랑거리를 보여주고 싶어 한다. 그렇지만
이런 제안은 체코인 동료가 먼저 해야 한다. 다른 문화권과 달
리 체코에서는 사람들이 일에 온통 집중하는 편이 아니다. '일
하기 위해 산다'가 아니라 '살기 위해 일한다'는 쪽에 더 가깝
다. 그래서 어떤 사람은 공과 사의 구별을 매우 확실히 하려
한다.

09

의사소통

체코어는 매우 어려운 슬라브어다. 하지만 체코인 사이에서도 여러 언어를 구사하는 사람이 점점 늘고 있다. 따라서 프라하 같은 대도시에서 영어 또는 다른 외국어를 할 줄 아는 체코인을 쉽게 찾아볼 수 있을 것이다. 연배가 있는 사람과 이야기할 때는 독일어가 나을 수 있고, 공산주의 시절에 강제로 배워야 했기 때문에 러시아어도 많은 사람이 사용하고 있다.

체코어

체코어는 매우 어려운 슬라브어다. 어려운 이유는 여러 가지가 있지만, 그중에서도 꼽자면 발음 부호가 많고, 한 단어에 보이는 것보다 자음이 많으며, 문법 구조상 어형 변화가 7가지나 된다. 라틴 문자로 적혀 있다고 해도 발음하기가 어려워서 자주 쓰는 단어를 익히는 것조차 며칠이 걸린다. 명사의 다양한 격과 다른 문법 특징을 이해하려면 더 긴 시간을 들여야 한다.

체코는 철저히 표음 언어다. 어떻게 발음하는지만 알면 단어를 읽거나 장소 이름(대중교통 정류장 등)을 인식하기가 훨씬 쉬워진다. 하첵háček(특정 알파벳 위의 작은 'v' 표시)와 챠르카čárka(특정 모음에 강세를 주는 표시)는 이중모음의 수를 줄여 철자법을 단순화하기 위해 도입되었다. 이 두 가지 발음 부호가 없었다면 체코어의 단어는 길이가 더 길었을 것이다. 그런 관점에서 보면 발음 부호는 축복이라고 할 수 있다.

'š,' 'č,' 'ž'의 경우, 영어 사용자도 발음하기 쉬운 편이다. 발음은 'sh,' 'ch,' 'zh'와 비슷하게 하면 된다. 'ě' 위의 하첵은 'ye'로 발음해야 한다. 체코어에서 고유한 발음인 'ř'은 제대로 발음하기가 거의 불가능하며 외국인과 체코 현지인조차 가장 발

올로모우츠 구약 체코 성서, 1417년

음하기 어려워하는 체코 알파벳으로 알려져 있다. 혀를 굴리는 'ř' 발음으로 시작해서 'zh' 발음으로 끝나기 때문에, 영어권 국가 사람이라면 혀를 'rzh' 소리가 나도록 굴려야 할 것이다. 체코인 중에서도 이 발음을 잘하지 못하는 사람도 많으니, 제대로 발음하지 못한다고 해서 부끄러워할 필요는 없다. 챠르카가 붙은 모음은 장음으로 발음하지만, 체코어를 모국어로 하지 않는 사람은 장단음의 차이를 거의 구분하지 못한다.

'ď', 'ť', 'ň'은 더 어렵다. 이 위에 붙은 발음 부호는 주요 문자의 발음에 약간이지만 들릴 정도로 'ye' 발음을 추가하라는 의미다. 영어에는 이에 대응되는 발음이 사실상 없다.

참고로 체코에서는 언어 치료의 인기가 높으며 매우 돈을 잘 버는 전문 직종으로 알려져 있다. 취학 연령의 아동이 학교에 가려면 체코어를 할 때 주요 발음을 제대로 할 수 있음을 증명하는 시험을 통과해야 하기 때문이다. 이 시험에 대비하기 위해 언어 치료사에게 몇 번씩 치료를 받는 경우가 허다하다.

그래서 체코를 단기 방문하는 외국인이 체코어를 잘할 것이라고 기대하지 않는다. 그러나 체코어를 하려고 노력하면 많은 환영을 받을 것이다. 인사와 기타 표현을 언제 하면 좋은지에 관한 몇 가지 '규칙'만 잘 지키면 호의적으로 받아들여지는데 큰 도움이 된다.

가게에 들어가거나 시장 가판대에 다가갈 때, 또는 누군가를 그날 처음 봤을 때는 보통 도브리 덴^{Dobrý den}(안녕하세요)이라고 한다. 물론 영어의 아침, 낮, 저녁, 밤 인사에 해당하는 표현도 있지만, 인사의 타이밍을 가늠하기 어렵고 외워야 할 표현도 많아질 뿐이다. 도브리 덴은 하루 중 언제 해도 괜찮은 인사말이다. 헤어질 때는 상대방에게 항상 나 스흐레다노우^{na shledanou}(안녕히 계세요/가세요)라고 하면 된다. '데쿠이^{děkuji}(감사합니다)'는 어느 맥락에서는 사용할 수 있다.

대중교통 이용 시 사람이 많아 신체 접촉이 불가피할 때가 있다. 이때는 프로민테^{prominte}(죄송합니다)라고 말하면 부드럽게 상황을 넘길 수 있다. 'o'를 장음으로 발음하고 두 번째 음절에 강세가 붙는 파르돈^{pardon}(실례합니다)도 사용하는 편이 낫다. 영

생존 체코어		
한국어	**체코어**	**발음**
감사합니다.	Děkuji	데-쿠-이
고마워. (친한 사이)	Díky	디-키
부탁합니다.	Prosím	프로-심
안녕하세요.	Dobrý den!	도-브리 덴
안녕히 계세요/가세요.	Na shledanou	나-스흐레-다-노우
영어를 할 줄 아시나요?	Mluvíte anglický	믈루-비-테 앙글-리츠-키
실례합니다/죄송합니다.	Promiňte	프로-민-테
저희가 계산할게요.	Zaplatíme, prosím	자-플라-티-메, 프로-심
(당신의 건강을 위해) 건배!	Na zdraví	나-즈드라-비

어를 할 수 있는 사람을 만났다면 도브리 덴이라고 먼저 인사
한 다음에 질문을 시작하자. 체코에서는 모르는 사이더라도
인사를 매우 중요하게 생각한다.

외국어

체코인 사이에서도 여러 언어를 구사하는 사람이 점점 늘고
있다. 따라서 프라하나 다른 대도시에서 영어 또는 다른 외국

어를 할 줄 아는 체코인을 쉽게 찾아볼 수 있을 것이다. 도심 공무원은 대체로 어느 정도 영어를 하고, 많은 체코 젊은이들도 영어를 잘한다. 그렇지만 연배가 있는 사람과 이야기할 때는 독일어가 나을 수 있다.

러시아어도 많은 사람이 사용할 수 있다. 공산주의 시절에 강제로 배워야 했기 때문이다. 그러나 많은 노년의 체코인은 러시아어를 하기 싫어하고, 심지어 러시아어로 해 달라고 하면 화를 낼 수도 있다. 정말 중요한 상황이 아니라면, 러시아어는 사용 시 상당한 주의를 기울여야 한다. 그렇다고는 해도 사회주의 정권 이후 상당히 많은 체코 젊은이가 러시아어를 제2외국어로 공부했다. 그러니 할 줄 아는 제2외국어가 러시아어밖에 없다면 조금 젊은 체코인을 찾아 소통하는 편이 좋다. 나이가 드신 분들은 러시아어를 안 하려 할 것이기 때문이다. 또한 온천 도시 카를로비 바리에는 러시아인이 많이 살아서 러시아어를 많이 들을 수 있다.

양쪽이 모두 할 줄 아는 언어가 달라서 의사소통을 아예할 수 없는 일은 어디서든 일어날 수 있다. 체코어 표현이 정리된 책, 지도, 작은 공책이나 필기가 가능한 전자기기 등을 챙기면 언어 장벽을 뛰어넘을 수 있다. 중요한 상황이라면 영어를 할 줄 아는 사람을 찾도록 하자. 대개는 금방 찾을 수 있다.

보디랭귀지 및 개인 공간

체코인은 보디랭귀지를 많이 사용하는 편이 아니다. 그러나 말을 하지 않고도 의미를 전달하는 방법은 있다. 지나치게 큰 소리나 무례한 사람을 대중교통에서 보게 되면 체코인들은 못마땅한 표정을 바로 드러낸다. 반대로 노인, 임산부, 어린이를 동반한 사람에게 자리를 양보(대중교통에서 지켜야 할 에티켓으로 여겨진다)하면 체코인은 밝은 미소로 화답할 것이다. 양보하지 않으면 화가 나서 쩨려보는 눈길을 받게 될 것이다.

많은 체코 방문객이 당황하는 체코인의 습관 중 하나가 바로 다른 사람을 빤히 쳐다보는 일이 흔하다는 것이다. 노골적으로 사람을 쳐다보는 것을 무례하게 여기는 문화권이 있는 반면, 체코에서는 이를 전혀 신경 쓰지 않는다. 체코가 상대적으로 단일 민족 문화여서 그렇거나 체코인 대다수가 하루 중 많은 시간을 대중교통에서 보내기 때문일 수 있다. 이유야 어찌 되었든 간에 외국인이라 시선이 집중되는 측면이 있음을 감안하자. 누군가가 자신을 가만히 바라본다면 움츠러들거나 모욕당한다고 느끼기 쉽지만, 이는 전혀 공격적인 의미로 쳐다보는 것이 아니다. 시선이 부담스럽다면 쳐다보는 사람에게 살짝 미소를 지으면 된다. 그러면 즉시 다른 곳을 보거나 스마트폰을 들여다볼 것이다. 핸드폰이 많이 보급되었고 와이파이도 어디서든 쉽게 사용할 수 있으므로, 사람을 쳐다보는 일이 전처럼 많지는 않다. 그리고 다른 대중교통 승객과 마찬가지로 많은 체코인이 점점 더 자신의 스마트폰을 보는 일이 많아지고 있다.

체코인이 미소를 대하는 방식은 '친구'라는 단어를 사용할 때와 마찬가지로 진지하게 여러 생각 끝에 미소를 짓는다. 체코인은 '과도한' 미소(북미인이 대체로 그러는 것처럼)를 진실하지 않음을 상징한다고 본다. 작은 강아지를 가방에 넣어 데리고 다니거나 유모차에 아기가 타고 있는 게 아닌 이상, 모르는 사람이 미소를 지어줄 일은 없다. 그렇다고 체코인이 불친절하다는 이야기는 아니다. 단지 미소를 일종의 돈처럼 필요한 때에만 사용하는 것일 뿐이다. 미소가 자연스럽게 나오는 상황이라면 편하게 미소를 지으면 된다. 다른 곳에서도 그렇지만, 먼저 짓는 미소는 분위기를 풀어주는 역할을 한다. 그렇지만 상대방이 미소를 짓지 않는다고 해서 상처받을 필요는 없다.

대중교통에는 노인, 시각 장애인, 임산부, 유모차를 끄는 부모를 위한 배려석이 별도로 표시되어 있다. 배려석에 앉아 있는데 양보해야 할 대상이 차량에 탄다면 일반 좌석에 있을 때보다 더 빨리 일어나 자리를 양보한다. 그렇지 않으면 차에 탄 모든 사람의 이글이글한 시선을 느끼게 될 것이다.

다른 유럽 국가와 마찬가지로 체코의 개인 공간은 북미보다 다소 작다. 한정된 공간에서 같이 부대끼며 살아야 하기 때문이다. 그렇다고 해도 대중교통이나 사람이 붐비는 상황 외에는 개인 공간을 넓게 갖는 것을 선호하는 편이다. 앞서 살펴본 것처럼, 체코인은 잘 모르는 사람과의 신체 접촉을 꺼린다. 가장 편안하게 느끼는 개인 간 거리는 0.5m 정도다.

의자나 공원 벤치에 앉을 때 발을 올리는 모습이 체코 할머니의 눈에 띄면 안 된다. 체코 문화에서 할머니는 도덕적 행위를 수호하는 비공식 경찰이다. 보안 카메라 시스템이 제아무리 발달했어도 체코 할머니만큼 세부적인 사항까지 잡아내지는 못한다. 혹시라도 체코 할머니의 눈 밖에 났다면, 설사 체코어를 하나도 알아듣지 못한다고 하더라도 이를 무시하는 할머니의 어마어마한 잔소리를 듣게 될 것이다.

언론

2015년부터 체코 언론의 대중 신뢰도는 곤두박질쳤다. 체코는 세계언론자유지수 2021에서 40위에 올랐다. 그러나 체코 언론사 다수가 강력한 정치적 뒷배를 가진 소수 부자의 지배를 받는 상황이 심각한 우려 대상이 되고 있다.

체코인은 공영방송(TV, 라디오)의 뉴스를 가장 신뢰한다. 가장 많이 사용하는 뉴스 플랫폼은 인터넷과 TV이다. 라디오도 여전히 인기가 있지만, 인쇄매체는 점점 인기가 시들해지고 있다. 페이스북과 인스타그램은 소셜 미디어 계정을 가진 젊은 세대 사이에서 가장 많이 쓰인다.

주요 방송 매체를 살펴보면, 국영 체코 TV(체스카 텔레비제)와 체코 라디오(체스키 로즈흘라스)가 있다. 민영 방송사 중 주목할 만한 곳은 TV 노바와 프라임 텔레비제이다. 민영 라디오 방송국에는 에브로파 2, 프레크벤체 1, 라디오 임펄스가 있다.

다양한 정치 성향의 신문이 있는데, 여기에는 믈라다 프론타 드네스(우파), 리도베 노비니(중도 우파), 호스포다스케 노비니(경제지)가 있다. 또한 블레스크나 아하와 같은 타블로이드지도 있다.

주간 시사 잡지 중 레스펙트와 레플렉스는 국내외 현재 정세, 정치, 경제 등의 주제를 다룬다. 디테스트는 소비자 보호 및 제품 리뷰를 다루는 월간지로 많은 체코인이 즐겨 읽는다.

외부와의 소통

체코에서 전 세계의 뉴스나 친구와 가족의 소식을 듣는 일은 전혀 어려운 일이 아니다. 케이블 뉴스 채널, 외국 신문, 영어 잡지 등 세계적인 언론매체를 다양하게 이용할 수 있기 때문이다. 작은 도시에서도 국제 신문이나 CNN, BBC를 송출하는 채널을 볼 수 있다. 이런 매체에서 멀어지고 싶어도 잘 안 될 것이다. 인터넷 보급과 와이파이 연결이 잘 안 되는 곳은 체코에 거의 없기 때문이다.

전화

방문객이 고국으로 전화를 거는 데 어려움을 겪을 일은 없다.

물론 도시에서 멀리 갈수록 문제를 겪을 가능성은 커진다. 호텔이나 호스텔의 유선 전화(사용이 가능할 시)로 직접 전화하는 것은 그다지 추천하지 않는다. 요금과 수수료가 너무 비싸기 때문이다. 체코에서 유선 전화는 사무실을 제외하고는 매우 드물다. 유선 전화 요금이 비싸고 핸드폰이 많이 보급되었으므로, 요즘 체코 가정에서 유선 전화를 쓰는 경우는 거의 없다.

선불폰도 거의 사라져서, 어쩌다 찾는다고 하더라도 현지에서 통화할 때도 그렇지만 국제 전화를 할 때 권장할만한 선택지는 절대 아니다.

핸드폰은 국내 통화 시 필수이다. 체코에는 3개의 통신사(O2, T-모바일, 보다폰)가 있다. 자신이 사용하는 원래 통신사가 어느 통신사 망으로 로밍 서비스를 제공하는지 출국 전에 미리 확인하자. 현지 통신사의 웹사이트를 확인(세 통신사 모두 웹사이트에서 영어로 된 설명을 제공한다)하여 입국 시 무엇이 필요한지 확인하는 것도 좋다. 여행 기간에 따라 현지 SIM 카드를 구매하는 것이 더 나을 수도 있다.

인터넷

체코의 어느 곳에서든 손쉽게 인터넷에 접속할 수 있다. 인터넷 보급률과 핸드폰 네트워크 커버리지가 100%에 가깝기 때문이다. 체코인은 전자 의사소통 수단으로 문자를 가장 많이 사용하며, 왓츠앱 같은 메신저 앱도 인기 있다.

와이파이도 항상 무료인 것은 아니나 어디서든 이용할 수 있다. 따라서 이메일 확인이나 즐겨 찾는 인터넷 사이트를 확인하는 일은 문제가 되지 않는다. 인터넷 카페도 있지만, 공공장소 대부분에 와이파이가 설치되어 이제는 그 수가 점점 줄고 있다. 체코인은 기술을 능숙하게 활용하므로 도움이 필요할 때 영어로 도와줄 수 있는 사람을 찾기가 어렵지는 않을 것이다.

와이파이를 편리하게 이용할 수 있으므로 가족이나 친구와 연락할 때 인터넷으로 스카이프, 줌, 기타 소셜 미디어 웹사이트, 메신저 앱 등을 사용하는 것이 가장 좋다.

우편

편지, 소포, 엽서 등을 보낼 때 뉴스 가판대에서 우표를 사다가 붙여서 여기저기 설치되어 있는 체스카 포스타라고 쓰인 주황색 우편함에 넣거나 우체국에 방문하면 된다. 그렇지만 체코인에게 우체국은 단순히 우편물을 보내는 곳이 아니다. 그러니 약간 혼동이 올 수 있음을 미리 알고 가자. 우체국에서는 공과금 수납, 은행 및 보험 업무, 공증 서비스 등을 처리한다. 담당 업무별로 창구가 따로 있으므로 '잘못된' 창구에서 원하는 서비스를 받으려 한다면 부질없는 짓이 될 것이다.

규모가 큰 우체국에는 담당 업무별로 대기표를 발급하는 기계가 있다. 순서가 되면 대기표에 쓰인 숫자가 주 모니터와 창구에 있는 전광판에 표시된다. 이 번호를 표시하는 어떤 운율이나 논리가 있을 거라는 생각은 안 하는 게 좋다. 순서가 금방 돌아올 것 같은데도 오래 기다려야 할 수도 있으니 말이다.

체코 우체국의 서비스는 대체로 믿을 만하다. 그렇지만 다른 모든 곳에서와 마찬가지로, 우편물을 부칠 때 귀중품이나 현금을 안에 넣는 일은 하지 않는 편이 좋다. DHL, 페더럴 익스프레스, UPS 모두 체코에서 운영하고 있다.

결론

우체국에서 잘못된 창구에서 줄을 서든, 인공적 또는 자연적인 전망대에서 도시를 내려다보든 간에, 체코 여행의 모든 순간에 무언가 하나씩 배우게 될 것이다.

단순 관광보다 더 많은 것을 보고 느끼려는 여행객에게 이런 배움의 과정은 외국 여행지로 떠나는 일을 더욱 특별하게 만들어 준다. 많은 여행도서의 저자이자 여러 여행 다큐멘터리에 출연한 코미디언 마이클 페일린의 말을 빌리면, "단체 관광이나 다른 사람이 어디로 가야 할지 알려주는 여행에 특별히 매력을 느낀 적은 없다. 스스로 찾아 나서는 여행을 좋아한다."

모든 체코인이 체코가 인기 관광지(그리고 여행지)가 된 것에 기뻐하는 것은 아니다. 그렇지만 체코의 볼거리에는 모두가 자부심을 느낀다. 문화적 감수성을 갖고 조금만 운을 띄우면 체코인들은 기꺼이 방문객에게 정보를 알려줄 것이다. '로봇'이라는 단어의 발명부터 올림픽 챔피언으로 감동을 준 달리기 선수 에밀 자토페크의 투지와 결의에 이르기까지, 체코는 세계에 놀라운 선물을 안겨주었다. 그리고 체코가 더욱 긴밀하게 유럽 및 세계에 통합되면서 이런 체코의 공헌은 앞으로도 계속될 것이다.

체코에 방문하면 가식 없고 창의적이며 회복탄력성이 뛰어난 현실적이고 교육 수준이 높은 체코인을 직접 만날 수 있다. 낯가림이 심해서 약간의 인내심이 필요하지만, 인내심을 갖고 노력을 기울이면 아주 좋은 친구와 평생의 우정이라는 보답이 돌아올 것이다. 체코인은 부러울 정도로 삶을 즐기는데, 정작 자신들은 절대 인정하지 않는다. 이런 면모는 시간을 갖고 이들과 사귀어야만 볼 수 있는 모습이다. 그렇게 들인 시간은 결코 아깝지 않을 것이다.

체코의 최초

1348년 보헤미아와 신성로마제국 황제 카를 4세가 프라하에 중부 유럽 최초의 대학을 설립했으며, 오늘날까지도 카를로바대학교라는 이름을 유지하고 있다.

1411년 성서가 처음으로 체코어로 번역되었다.

1519~20년 최초의 달러가 야히모프(독일어로 요아힘스탈)에서 주조되었다. 정식 이름은 요하힘스탈러 굴덴(요하임스탈러 플로린)인데, 이를 짧게 탈러(체코어로 톨라)라고 불렀다. 이것이 합스부르크 영토, 나중에는 세계로 퍼져 나갔다.

1754년 프로코프 디비스(1696~1765년)가 즈노이모 근처의 Přímětice에서 처음으로 피뢰침을 개발했다. 그는 피뢰침 발명가로 알려진 벤저민 프랭클린과 동시에, 그러나 개별적으로 연구를 진행했다. 디비스는 피뢰침 이론을 1753년에 발표했다.

1790년대 František Ondřej Poupě(1753~1805년)라는 브루 마스터가 맥주 생산을 혁신했다. 그는 최초로 과학적인 방식을 양조 과정에 적용했다. 1790년대에 2권의 책을 펴냈으며 이는 맥주 생산에 관한 최초의 과학적 저작으로 여겨진다. 나중에는 양조법에 관한 현대적인 교재를 최초로 썼다. 그가 확립한 원칙은 오늘날까지도 활용되고 있다.

1824~32년 František Antonín Gerstner(1795~1840년)가 유럽 대륙에서 최초의 철로(초기에는 말이 끄는 방식)를 České Budějovice와 린츠 사이에 건설했다. 그는 상트페테르부르크와 차르스코예 셀로를 잇는 러시아 최초의 철로도 건설했다.

1826년 체코계 산림 감독관이었던 요제프 레셀이 최초로 선박 프로펠러 특허를 출원했다. 1829년 트리에스테에서 처음으로 선박에 프로펠러를 달아 시험해 보았다.

1827년 최초의 현대식 쟁기가 땅을 갈아엎었다. 사촌지간인 František과 Václav Veverka가 발명했으며 Lhota pod Libčany에서 처음 쟁기를 시연했다. 두 사촌이 사망한 해인 1849년에 대량 생산이 시작되었다.

1865년 브르노 아우구스티누스 수도원의 수도사이자 자연과학자, 현대 유전학의 창시자 요한 그레고르 멘델(1822~1884년)이 식물의 품종 교배 결과를 발표했다. 그는 오스트리아인으로 알려졌지만, 체코인은 그가 체코에서 연구했으므로 체코의 성과라며 좋아한다.

1927년 Eliška Junková(1900~1994년)가 1927년 독일에서 2리터급 스포츠카를 타고 최초의 여성 카레이서로서 그랑프리 이벤트에서 우승했다. Elisabeth Junek이라는 이름으로도 알려져 있다.

1956년 화학자 오토 비흐테를레(1913~1998년)가 히드로젤을 공동 개발하고, 이를 기반으로 최초의 소프트 콘택트렌즈를 발명했다.

1966년 체코 영화 역사상 처음으로 오스카상을 받은 영화는 〈중심가의 상점〉이다.

1984년 안토닌 홀리(1936~2012년)는 과학자로서 테노포비르를 합성하고 특허 출원했다. 테노포비르는 HIV/에이즈에 가장 효과적인 약물의 주재료이다. 상품명인 트루바다, 비리어드 등으로 더 많이 알려져 있다.

2011년 미국의 체코인 성형외과 의사 보단 포마학(1971년~)이 최초로 미국 보스톤의 브리검 여성병원에서 안면 전체 이식 수술을 진행했다.

2018년 2018 평창 동계올림픽에서 에스터 레데츠카(1995년~) 선수는 최초로 같은 올림픽에서 두 종목(알파인 스키 슈퍼 대회전 및 스노보드 알파인 평행 대회전)의 금메달을 땄다. 또한 역사상 두 종목에서 올림픽 금메달을 딴 두 번째 여성이 되었다.

유용한 앱

체코 사회는 기술에 능통하고 온라인 연결이 잘되어 있다. 방문객에게 유용한 체코 국내외 앱을 소개한다.

【 문화 활동 】
GoOut: 체코 앱으로 체코에서 열리는 문화 행사를 검색하여 티켓을 살 수 있다.

【 온라인 장보기 및 음식 주문 】
Rohlik.cz: 체코에서 인기 있는 장보기 앱으로 온라인으로 식료품을 사서 배달시킬 수 있다.
Dáme jídlo: 전국적인 음식 주문 및 배달 앱으로 전국 2,000개 이상의 식당과 제휴하고 있다. 앱에서 식당 메뉴를 확인하고 온라인으로 주문 시 결제까지 가능하다. 대도시에서 매우 효과적이며 음식을 집이나 사무실로 배달시킬 수 있다.
Wolt: 핀란드의 음식 주문 및 배달 플랫폼으로 Dame jídlo와 비슷하다.

【 여행 계획 및 길 찾기 】
IDOS: 체코와 인접 국가 여행을 계획하는 데 매우 유용하다. 지역, 전국, 국제적인 버스와 기차 노선을 검색할 수 있다.
Mapy.cz: 강력하게 추천하는 또 하나의 체코 앱이다. Seznam.cz에서 만든 체코판 구글 지도다. 구글 지도도 체코에서 많이 사용되지만, Mapy.cz에서 제공하는 체코 지자체 지도 내 정보가 훨씬 상세하며 최신이다.

【 우등버스 및 철도 교통 】
Můj vlak: 체코 국영 철도에서 제작한 앱으로, 여행 계획 수립, 티켓 구매, 이용할 열차 및 역의 실시간 정보 확인 등이 가능하다.

RegioJet: 스튜던트 에이전시에서 제작한 앱이다. 여행 계획 수립과 티켓 구매가 가능하며, 레지오젯이 운영하는 눈에 잘 띄는 노란색 기차와 우등버스로 체코 국내뿐만 아니라 유럽의 먼 곳까지도 갈 수 있다.

Leo Express: 레지오젯과 체코 국영 철도의 경쟁사로, 앱에서 여행을 계획하고 티켓을 구매하여 레오 익스프레스의 기차와 버스를 탈 수 있다.

Flixbus: 체코 우등버스 업계의 또 다른 경쟁 업체이다. 독일 기업으로 앱을 통해 여행을 계획하고 티켓을 구매할 수 있다.

【 공유 자전거 및 승차 공유 】

Liftago: 대중교통으로 갈 수 없는 곳에 가야 하거나 택시를 타는 위험을 감수하고 싶지 않을 때 유용하다. 리프트아고는 체코의 20개 이상 지역에서 서비스를 제공한다.

Nextbike: 독일의 공유 자전거 서비스 업체로, 체코에서는 13개 지역에서 운영중이다. 앱으로 가까운 자전거 보관소를 검색할 수 있으며, 자전거 대여도 가능하다.

Rekola: 체코의 공유 자전거 서비스 업체로, 5개 체코 도시에서 서비스를 제공하고 있다. 전용 자전거 보관소가 없으므로 앱을 통해 가까운 곳에 자전거가 어디에 있는지 찾을 수 있다. 또한 앱으로 자전거 대여도 가능하다.

【 일기예보 】

Windy: Seznam.cz에서 만든 일기예보 앱이다.

Meteoradar: 체코의 일기예보 앱이다.

Askwith, Richard. *Today We Die a Little: Zátopek, Olympic Legend to Cold War Hero*. London: Vintage Books, 2016.

Čornej, Petr. *Great Stories in Czech history*. Translated by Anna Bryson. Prague: Práh, 2005.

Gerlach, David. *The Economy of Ethnic Cleansing: The Transformation of the German–Czech Borderlands after World War II*. Cambridge: Cambridge University Press, 2017.

Koutná, Kristýna. *Czech Cookbook Christmas Baking*. Brno: self-published, 2018.

Kuras, Benjamin. *Czechs and Balances: A Nation's Survival Kit*. Prague: Baronet, 1998.

Lyons, Pat and Rita Kindlerová (eds.). *Contemporary Czech Society*. Prague: Institute of Sociology of the Czech Academy of Sciences, 2016.

Owen, Jonathan L. *Avant-Garde to New Wave: Czechoslovak Cinema, Surrealism and the Sixties*. New York & Oxford: Berghahn Books, 2011.

Pánek, Jaroslav and Oldřich Tůma. *A History of the Czech Lands*. Prague: Karolinum, 2018.

Petrová, Sylva. *Czech Glass*. Prague: UMPRUM, 2018.

Rubeš, Janek and Honza Mikulka. *Honest Guide-Prague*. Prague: Cooboo, 2019.

Sebestyen, Victor. Revolution 1989: *The Fall of the Soviet Empire*. London: Phoenix, 2010.

Szczygiel, Mariusz. *Gottland: Mostly True Stories from Half of Czechoslovakia*. Translated by Antonia Lloyd-Jones. New York & London: Melville House Publishing, 2014.

Watson, Nicholas. *When Lions Roar*. Prague: Trinity Publications, 2014.

Whybray, Adam. *The Art of Czech Animation: A History of Political Dissent and Allegory*. London: Bloomsbury Publishing, 2020.

【 웹사이트 】

체코 관광청	**visitczechrepublic.com**
트레스 보헤메스(Tres Bohemes)	**tresbohemes.com**
체코 필름 리뷰(Czech Film Review)	**czechfilmreview.com**
체코 쿡북(Czech Cookbook)	**czechcookbook.com**
체코 가스트로노미(Czech Gastronomy)	**czechgastronomy.com**
라디오 프라하 인터내셔널(Radio Prague International)	**english.radio.cz**
카프카데스크(Kafkadesk)	**kafkadesk.org**
브르노 데일리	**brnodaily.com**
체코어 클래스 101(Czech Class 101)	**czechclass101.com**
슬로우 체코(SlowCZECH)	**slowczech.com**

지은이

케반 보글러

케반 보글러는 캐나다 출신 교사이자 컨설턴트, 그래픽 디자이너
로 제2의 고향인 체코에서 15년 넘게 거주하고 있다. 캐나다 앨버
타 주 에드먼턴에 있는 그랜 맥큐완 대학교에서 그래픽 디자인, 일
러스트레이션 및 비주얼커뮤니케이션을 전공한 후 2004년에 체
코로 건너갔다. 케반은 체코인 파트너의 고향인 체코의 2대 도시
브르노에서 살면서 영어를 가르치고, 체코 기관과 민간 고객을 대
상으로 영어 교육 과정과 교열 등 커뮤니케이션 컨설팅을 제공한
다. 지금은 소셜 미디어와 커뮤니케이션 분야에서 일하며 시간이
날 때면 체코에 관한 모든 정보를 알아볼 수 있는 전문 웹사이트
'비욘드 프라하'(Beyond Prague)를 운영한다.

옮긴이

심태은

경희대학교 관광학부 호텔경영 전공 졸업 후 한국외국어대학교
통번역대학원 한영과를 졸업하였다. 다년간 통번역가로 활동하
였으며, 현재 번역에이전시 엔터스코리아에서 전문 번역가로 활
동 중이다.
주요 역서로는 『공감의 디자인: 사랑받는 제품을 만드는 공감 사
용법』, 『구글은 어떻게 디자인하는가: 인클루시브 디자인 이야기』,
『동물 자세 요가(출간 예정)』, 『쉽게 이해하는 인터넷(출간 예정)』 등
이 있다.

세계 문화 여행 시리즈

세계의 풍습과 문화가 궁금한 이들을 위한 **필수 안내서**